Comparative Cultural Sociology on Proverbs

ことわざ比較の文化社会学

日英仏の民衆知表現

金子　勇

Kaneko Isamu

Some Comments on the Expression
of Folk Wisdom in Three Countries

北海道大学出版会

COMPARATIVE CULTURAL SOCIOLOGY ON PROVERBS
Some Comments on the Expression of Folk Wisdom in Three Countries
Isamu KANEKO
Hokkaido University Press, 2020
ISBN 978-4-8329-3409-2

はじめに

40年を超える社会学概論や社会学特殊講義それに社会学入門の講義で，ことわざを織り込むようになったのは20年くらい前からである。質的・量的な社会調査の成果や学説的な理論研究の一端を紹介しながら，その内容は，周知のことわざと同じだと思ったことが何回もある。

たとえば，少子化や高齢化と絡ませて，2016年からの「ニッポン一億総活躍プラン」や2017年3月に策定された「働き方改革実行計画」を説明する際に，その主導的理念である「多様性」(diversity)を詳述する。その際にいろいろな働き方として，ことわざでも有名な「二足の草鞋(わらじ)を履く」が浮かんでくる。

せっかくだから，「二足の草鞋を履く」の英語表記が“wear two hats”であるとのべて，英語辞典では「一人二役する，同時に2つの仕事をこなす[職に就く]，二足のわらじをはく」と訳していることも追加する。「多様な働き方」の事例としてこのことわざを紹介するのだが，日本で刊行されていることわざ本や国語辞典の多くが，江戸時代の「博徒が捕吏を兼ねること」という解説で済ませている現状に気が付いて呆然とする。

それは歴史文化論一般ではもちろん正しい。しかし，これでは21世紀の「少子化する高齢社会」におけることわざの現代的意味も分かりにくいし，今日的な「働き方改革」には使えない。そうなると，せっかく学んだ昔の「人間の英知」ではあるが，今の世では宝の持ち腐れになりかねない。

結局のところ，古今東西のコミュニケーションの真実を語ると思われる，「言葉は半ば語る者に属し，半ばは聴く者に属する」という箴言にまで触れざるを得なくなる。これはモンテーニュの「エセー」にある(関根秀雄訳, 1955: 1774)。今も昔も同じであるが，語る側の意図は受け手の側に正確に伝わるとは限らない。受け手が分かることしか伝わらないのである。そこで，現代コミュニケーションの基礎を講義しながら，500年前のモンテーニュを思い出すことになる。講義のたびに，最新の学術研究成果とことわざや古典に示された民衆知との往復が続いた。

このような試みを細々ながら続けてきたのは自らを啓発するためだったような気がする。オリジナルの社会調査データに取り組みつつ，民衆知としてのことわざを読み，両者を比較することで，研究意欲を維持してきた。

本書では，数え方次第では数千数万のことわざから，110のことわざを独自に選択して，日本語，英語，フランス語の表現を比較しつつ，実践してきた現代社会学の講義経験からそれぞれにコメントを加えてみた。比較の手法を優先して，現代的に再構成しながら，これからの日本「少子化する高齢社会」に活かせるようなことわざ解釈を試みた。

先行きがまことに不透明な21世紀のこの時代に，少し立ち止まって今後の「生存条件」としての「秩序と進歩」という古典的課題探究は，21世紀日本社会の原点を見つめることにも通じる。その素材として本書が役に立つところがあれば，著者冥利につきるものである。

さらに，企業経営者や職場の管理職の講話の材料としても，生涯学習中の熟年や中年の参考書としても，そして学生や大学院生のゼミ教材として工夫したところもあるので，それぞれに読み取っていただければ，望外の幸せである。

2020 年 7 月 14 日

金子　勇

凡　例

1. ことわざの掲載の順番は，五十音順に従っている。
2. 表記は，新仮名遣いおよび常用漢字を基本とするが，引用については原文の歴史的仮名遣いに従っているものもある。
3. 日本語のことわざに続く，四角囲みの「英」は「英語表現」を，四角囲みの「仏」は「フランス語表現」を示している。
4. ケイで囲んだ記事は，主に日英仏による表現の「単語と文章」の説明にあてている。
5. その後に続く説明は，著者の専攻している社会学を踏まえた記述であるとともに，また著者の自由な関心に基づいたエッセイでもある。
6. 必要に応じて，各項目の末尾に，自著を含めた文献を掲げた。関心のある読者の参照を期待する。
7. 主要な参照文献の一覧を付した。

目　　次

110のことわざの後のアステリスクの意味は次の通りである。
*　日本語，英語，仏語でそれぞれ単語と表現が異なる
**　日英，日仏，英仏2か国語で同じ単語と表現がある
***　日英仏語とも同じ単語と表現である

か　行

さ　行

序　立体的な比較社会文化研究をめざして

社会学の経験から

「秩序は進歩の条件であり，進歩は秩序の目的である」とする社会学では，「人間の共同生活」の「生存条件」に関する科学的研究を行う。私はこの立場から，少子化と高齢化が同時進行する日本の地方都市で，「共同生活」の解明を課題として，近隣，家族，高齢者集団，子育て支援グループ，児童虐待家族などの「生存条件」の研究を45年間行ってきた。

社会学では社会調査という手法で，市民や国民を対象者にして，訪問面接による質問紙法を実施する。私の場合具体的には，日本における15の地方都市で，それぞれ500人の対象をサンプリングして訪問面接を行うものであった。そして，先行研究の成果と照らし合わせて，オリジナルの調査結果をまとめてきた。

「社会科学」としての社会学なのだから，そこでは学術的に標準化されてきた研究方法と使用する専門用語と先行する学説などを学ぶ。そしてそれらを活用して，大都市市民，地方都市住民，日本国民，過疎地域高齢者市民，大都市年少者，地方都市子育て世代などの対象者ごとに仕分けして調査しながら，浮かび上がった「共同生活」像をつかみ，「生存条件」を調べてきた。

その一方で，研究対象とする地方都市の「共同生活」には，長い間口述され伝承されてきたことわざをはじめとする豊かな文化があり，その存在が気になっていた。それはいわば日常生活経験の世界であり，象徴的には伝統や慣習や旧慣そしてことわざに純化されて，科学的手法などでは証明できないが，市民や住民や国民の感性と行動様式に大きな影響を与えてきたと考えられる。その多くがコモンセンスに適う常識ないしは良識でもあり，一部は常識を超えるところも持っている。

民衆知と学問知

このような背景を考慮しつつ講義の際には，関連することわざの日本語表現と英語表現とを合わせて紹介したあとに，最新の社会学の研究成果を付加して説明してきた。それは期せずして学問知（sciences sociales）と民衆知（sagesse des nations）とをいくぶんか融合させて，ことわざを媒介に比較社会文化論を開始していたことになる。

周知のように，フランス語の 'sagesse' は良識や知恵を意味するが，'bon sens' としても使われる。そして，この表現がデカルトの名著『方法序説』で，その第1部1行目に使われていることはあまりにも有名である。"Le bon sens est la chose du monde la mieux partagée."（良識はこの世でもっとも公平に分け与えられているものである）。良識の一部がことわざであるから，「民衆知」もまた文化と社会の違いを背景にしながら，世界各国で継承されてきた。

たとえば「ことわざの中には歌や句とちがって，ただの素人が一生のうちにたった一つ，実におもしろいことをいったというのが，方々から集まっている」（柳田，1930＝1976：83）という位置づけをすれば，どの国でも「民衆知」はそういう形で累積されてきたと考えられる。

講義での使い方

もちろん私の担当科目は比較文化の社会学ではなく，社会学概論や社会変動論や地域社会論などだったから，現代社会学で比較する手法の重要性を強調するために，民衆知の一部であることわざを利用したにすぎない。教室では，学術的成果と民衆知の比較を通して，国ごとに相違する文化と社会にみる個別性と普遍性を語ってきたことになる。

それはまことにささやかな経験ではあったが，ことわざは個々の民族を超えたいわば人類全体のよく知られた知的遺産でもあり，そこには教訓，忠告，助言，知恵などが豊富に含まれている。20年間の毎学期の講義で使ったものを集めてみたら，100種類を超えたことわざが手元に残った。

元より日本文化に定着していることわざをはじめとする名言，格言，箴言は，そのルーツが中国文化圏，英語圏，フランス語圏にあるものも多い。ただ日本内外を問わず，これらは人類の知恵の一部であるから，本書では日本に定着していることわざや名言，格言，箴言などのルーツ探しではなく，21世紀日本社会で役立つ知恵をどう受け継ぐかに焦点を置くことにした。

講義での使い方は以下の通りである。たとえばリーダーシップをテーマにした際には，まず世界的に有名な三隅二不二「リーダーシップのPM理論」を説明する。P(performance，実行力)とM(maintenance，統率力)の内容をまとめ，個性的な「PM，Pm，pM，pm」の4図式を解説する。そのあとでウェーバーの「職業としての政治」を引用して，リーダーには情熱と責任感に加えて見識が必要だとまとめながら，実際には一人ではいくつもの見識がもてない。これは凡人ならば仕方がないことである。

そこでその代わりに，複数の集団指導こそが組織でも全体社会でもデモクラシーにもつながるとして，本書でも紹介している「三人寄れば文殊の知恵」をもち出す。その英語表現では “Two heads are better than one.” となるので，日本語では三人，英語では二人という表現の相違を知らなかった受講生は，驚きとともに言語間比較に関心を強めたようである。

そのうちにもう一つの言語ではどうなのかという疑問が出てきて，フランス語にややこだわりがあったのでその表現を調べると，英語と同じように「二人」であった。“Deux avis valent mieux qu’un.”(直訳すると，二人の見解は一人のそれよりも優れている)。

日本語，英語，フランス語による比較

日本語ではなぜ 3 人なのか，英語やフランス語ではなぜ 2 人か，外国語が専門ではない私にはよく分からない。しかし 3 つの言語表現の間には異同が鮮明であり，それは文章比較や言語比較をすればよく分かるということが講義では強調出来た。そして受講生たちもその結果に興味をいだいたように感じた。

もう一つの比較の成果は，日本語ことわざでは見識ある大知識人としての「文殊」(知恵をつかさどる菩薩)よりも 3 人の合議が優れていると使われたが，英語やフランス語では人名は特に登場せずに，2 人の頭脳が 1 人の頭脳よりは勝っているというだけであることを知りえた点にある。なぜ日本語では「文殊」が登場して，英語とフランス語では人名が出ないのか。この理由には手が届かないにしても，ことわざを比較することにより 3 人と 2 人の区別がはっきりした。

また，日本語では「二人」や「一つ」が出てくることわざが非常に少ないこともあらためて確認できた。せいぜい「二人口(ふたりぐち)はすごせるが，一人口(ひとりぐち)はすごせぬ」や「二君にまみえず(仕えず)」くらいしかない。なぜ日本語ことわざで「二人」や「二つ」が少ないのかを探求したわけではないから，実のところ未解決のままである。

比較社会文化

日本における社会学研究でも外国語文献をネタ元にしての日本語による研究は汗牛充棟だが，「比較社会文化」に真正面から取り組んだ研究書は意外と少ない。そのうちの新睦人編(1997a)によれば，「文化とは人間の適応的な知恵の結晶」(同上:60)であり，それは具体的には「精神文化，規範文化，物質文化，価値体系の四系列の事実」(同上:60)になる。

さらにいえば，「私たちの生活の中で思考や行動の標準化された様式または型どりを，個々の具体的なレベルであれ，複合的な体系のレベルであれ，文化と呼ぶ」(同上:221)とされる。

この立場から文化と社会の一翼を担うことわざを取り上げて，簡単ではあるが日本語，英語，フランス語の表現に見る「知恵の結晶」を比較分析したのは，21 世紀の時代に活かしにくいことわざ解説が依然として流布している印象があったからである。ただし，一般論として言われてきた “Comparaison n’est pas raison.”(比較は証明したことにならない)は当然承知している。

ビートルズのミッシェル

比較した言語がドイツ語ではなく，なぜフランス語かは個人的事情による。団塊世代である私の高校生時代はビートルズの全盛期に重なっていた。ほとんど毎日ラジオからビートルズを聞いていたが，ある日，いつもの英語とは違う不思議な発音のことばが歌の中から聞こえてきた。それが 'Michelle' であり，ビートルズ1965 年 12 月発売 LP『ラバーソウル』に収録されていた楽曲である。レノン＝マッカートニー作詞作曲で，ポールのボーカルの歌詞の中に

Michelle ma belle
sont des mots
qui bon très bien ensemble
très bien ensemble
ミッシェル，僕のかわいい恋人
君によく似合う言葉があるよ
ホントにピッタリだよ

が挿入されていた。それまでにもシャンソンやイタリアカンツォーネを聞いたことはあり，何とも思わずに聞き飛ばしていたが，ビートルズにもフランス語の歌詞があったことは私にとっては衝撃的な事件であった。

英語とは異なり，一音ずつていねいに発音しているような歌い方が印象的であり，フランス語に目覚めた瞬間である。もっとも法的に解散が認められた 1971 年までのビートルズ 213 曲のうちフランス語歌詞が使われたのは 'Michelle' だけであったが。

アラン・ドロンのダーバンの宣伝

しかし大学ではためらわずに第 2 外国語にはフランス語を選択した。それで 'Michelle' のこの歌詞も読めるし，訳せるように

なって喜んでいた3年生の夏に，あの伝説的なアラン・ドロンのダーバンの宣伝に出会った。それは1971年のダーバンのテレビCMで登場したアラン・ドロンが最後に締めたセリフ

D'urban, c'est l'élégance de l'homme moderne.

「ダーバン，それは現代の男のエレガンスだ」。この言葉は当時流行語にもなり，意味も分からない子どもたちまでも物まね風に発音していた。しかし時節は流れて，当時ダーバンで起死回生のヒットを放ったレナウンが，ほぼ50年後の2020年5月に新型コロナウイルス感染による売り上げ低迷で破綻し，民事再生手続きに入った。やはり万物流転(panta rhei)なのであろう。

『フランスのことわざ』から

もう一つは，初級フランス語の学習のころ，クセジュ文庫でピノーが書き，田辺貞之助が訳した『フランスのことわざ』(白水社, 1957)を読んでいたことが，その後のフランスことわざへの関心を持続させる種火となった。田辺の訳は簡潔であり，初学者にも得心が行く内容が多かった。

たとえば，「学問と健康のほかに富はなく，無知と病気のほかに貧乏はない。知識は富にまさる」(田辺訳:107)。これを社会学を一生の学問と決めてからも，人生の導きとしてきた。また，「健康を保つこと，財産をまもり利益をあげること，何事をなそうと《理性をもって》やること，しかし，時には思いきって《冒険的に》振るまうこと，これこそあらゆる人間をみちびくべき根本原則である」(田辺訳:112)。

さらに「思いやりは友をつくるが，真実を言うことは敵をつくる。…賢い者は仲間の生活と歩調を合せる」(田辺訳:130-131)もあ

るが，私は結局これを守れなかったという苦い思いをいだいてきた。

ただしライフワークとした研究テーマは少子化だけではなく高齢化と地方創生が重なっていたので，フランス語の本はときどき眺める程度であった。そのために今でもフランス語は掛け値なしに初級程度のレベルであるが，いくつかの辞典を引き，関連書を読みながら，本書のフランス語の部分もまとめてみた。

日本語のことわざ書

日本語のことわざ書も日英比較のことわざ書も，これまでたくさん出版されてきた。

藤井(1929＝1978)は，自身の『俗諺論』(1906)の改訂版であり，江戸時代から明治30年代までのことわざ研究の成果を示している。漢文の出典が豊富に使われ，同時に専門の国文学や日本古典に詳しくさらに英訳までも兼ね備えている。まさしく「応用の巧妙にして適切なる時は，その光輝を発することいよいよ大なり」(同上:152)が実感できる。

それから28年後に，金子武雄が全5巻の大著を刊行した。用意周到に「評釈」が2冊，「概論」が1冊，「評論」が1冊，「講説」が1冊に分けられている。この5冊が1957年から1961年までの5年で刊行された。藤井と同じく国文学の専攻である金子は，日本古典は当然として漢文の世界ももちろん詳細に描いている。英語やドイツ語のことわざも適宜に取り込んでいる。その幅は広く，古事記や風土記の世界から石川達三の『人間の壁』までを網羅している。

金子はことわざを「批評の文芸」と位置付けて，「世人の実際の生活体験の中から，しぜんに生み出されたもの」とみているので，本書でいえば「民衆知」に該当する。それを如実に示したのが「(四)評論」(1961)であり，現実の生活世界を「医者」から「一生」までの84の項目に分けて，関連することわざの比較を行った。それぞれの項目が独立したエッセイでもあり，今回学ぶところが多かった。

立体的な比較社会文化研究をめざして

本書は藤井や金子の名著には及ぶべくもないが，しいてそれらに対しての違いを挙げるならば，一つは英語訳だけでなくフランス語訳も添えたことで日本語表現の個性がやや立体的に浮かび上がったこと，および民族を超えた人類の知恵としてのことわざに現代社会学的知見を加えたことにより，比較社会文化研究の素材にもなるように配慮したこと，の2点になるであろう。

少しでもこれらが実現したと思われるのは，座右に置いて絶えず参照した大槻文彦『大言海』(新訂版　冨山房，1956年)と斎藤秀三郎『熟語本位英和中辞典』(新増補版，岩波書店，1936年)そして何冊かの『仏和中辞典』や『仏和大辞典』からの知識によるところが大きい。それらに正業としてきた社会学からの簡単なコメントを加えただけであるが，これもまた本書の個性になるかもしれない。

「三日坊主」にはならず，「七転(ころ)び八起き」の準備期間ではあったが，「遅くてもしないよりまし」という初志が貫徹できた。民俗学，歴史学，国文学，比較文学などとは異なる社会学からのことわざ比較論であるが，比較社会文化研究の応用として参考にしていただければ幸いである。

あ　行

1. 悪銭身に付かず

英　Easy come, easy go. Quick come, quick go.
Light come, light go. Ill got, ill spent.

仏　Bien mal acquis ne profite jamais.

日本語では主語として「悪銭」が明記されるが，英語では主語は隠れている。動詞はいずれも対になり，「come（入る）と go（出ていく）」か「got（得る）と spent（使う）」かになる。もう一つの特徴としては，主語がなく，すばやく（quick）や簡単に（light）が使われ，それらを come や go が受ける。“Soon got, soon spent.”という表現もある。

しかしフランス語では，主語と述語が明記されており，直訳すると「不正な手段で獲得した財産は決して役に立たない」となる。

bien はここでは財産，mal は悪く，不正にという意味。acquis は acquérir（手に入れるの過去分詞）。profite は profiter（役に立つ）の直説法現在三人称単数形である。ne...jamais は，決して〜でない。

日本語では，不正な手段で稼いだお金はたちまち使い果たすことを表す。額に汗して得たお金は簡単にはなくならない。主語が悪銭であり，身に付かずが述語の文章になっている。

不正な方法で得た金銭はたちまち使ってしまう。これを「あぶく銭」(easy money)という。簡単に手に入るものは容易に失う。試験勉強で経験済みだが，一夜漬けでは試験が終われば学んだ知識はたちまち忘れてしまう。宝くじでも 3000 円や 10000 円に当選しても，その儲けはどこに消えたかわからない。

また，「不正の富は三代続かず」“Ill-gotten wealth seldom descends to the third generation.” という慣用句もある(斎藤, 中辞典: 652)。あぶく銭のため使うのは惜しくないから，たちまち乱費してしまうのだろう。

仕事で苦労して稼いだお金は貯蓄も含めて計画的に使う。しかし，ギャンブルで儲けたり，人目に付かないようにこっそりと届けられる金銭などの「袖の下」は文字通りあぶく銭なので，自由に使える。そのためにたちまち費消する。英語の quick，light，soon が正しく当てはまる。斎藤(中辞典:786)では，“Light come, light go.”「得易きものは失い易し」と訳されている。

悪銭は自分のために使っても，他人への袖の下としても，そこからの利益はなかなか得られない。フランス語で profiter(役に立つ)が充てられて，その否定がなされるのは，そのようなお金ではせっかく何かに投資しても実りがないからであろう。

社会学でソーシャルキャピタルが評価され始めて 30 年くらい経過したが，キャピタル的な所以はそこから利息が得られるところにある。キャピタルとして元金は銀行預金や郵便貯金からの利息に代表される。それにソーシャルを加えたところ，ソーシャルキャピタルがあれば，社会的信用，協力，支援，名声などの利息に結びつくことが解明できた。もちろんそこでのキャピタルは，悪銭に象徴されるような一時しのぎの関係などではない。まともな人間関係からしか有効な協力は得られない。

友人との付き合いでも，親密な関係もあれば淡い関係もある。親密な関係(intimacy)は生死を共にした戦友，部活で一緒に苦労した学友，仕事で協力し合った同僚などで得られやすい。受験勉強や学会活動や臨時のボランティア活動などでは関係ができても，すぐにもとの単なる知り合いになりやすい。

ソーシャルキャピタルすなわち「社会関係資本」が，ビジネスでも，そして医療にも地方創生や活性化にも有効だと言われて久しいが，単なる知り合いではそのような効果は期待できない。日常的な関係性の維持の努力があってこそ，「親密な他者」も長続きする。苦労の中で得た関係が，一番大きな「社会関係資本」として一生の財産になる。

Putnam, R. D., 2000, *Bowling Alone: The Collapse and Revival of American Community*, Simon & Shuster.（＝2006 柴内康文訳『孤独なボウリング』柏書房）

2. 羹(あつもの)に懲りてなますを吹く

英　Once bitten, twice shy. あるいは A burnt child fear the fire.

仏　Chat échaudé craint l'eau froide. あるいは
Habitué a sa soupe chaude, il souffle la salade de poisson cru.

日本語では「羹(熱い吸い物)」と「なます」という食材で説明するが，英語では「一度痛い目に合うと二度目は怖がる」となる。これは食材とは無関係であり，一般論になる。もう一つは「やけどした子どもは火を恐れる」ともいう。ここではやけどした子どもが主語で，火を恐れるが述語となっている。

しかし，フランス語では子どもではなく，猫が出てきて，熱湯でやけどなどひどい目に合うと，冷たい水まで恐れるとする。直訳すると，「熱湯でひどい目にあった猫は冷たい水を恐れる」。

もう一つは「熱いスープに慣れたものは，生魚のサラダに息を吹きかける」。こちらは，日本語と同じく食材で説明したものであり，熱いスープと生魚サラダの組み合わせである。

『大言海』(:66)では，「懲戒ニ過ギタル，用心ノ甚ダシキヲ云フ」とある。

人間は経験に学ぶ生き物である。金子(評釈:15)はこのことわざを「前の失敗に懲りて無用の用心をすることを，嘲笑して評する場合に用いる」としたが，それだけではないであろう。なぜなら，学習は他者の経験からでも自分の経験からでも可能であるからである。

前者ならば，「66　他山の石」"The fault of another is a good teacher." としても諺になっている。自分を向上させるには他人のつまらない経験が役に立つのである。ただしその学習の際に，間違った受け取り方をすると，その影響はあとまで尾を引く。

自分の経験もその次の行為をする際には判断基準になる。信用していた人との日頃の付き合いから連帯保証人を断れずに，印鑑を押したために，結局は自分が膨大な債務を背負う羽目になる。これらは人生の授業料としては高すぎる。

マスコミを通しての学習は，自分の行為を変容させる力が乏しい。たばこによる健康被害への影響をテレビや新聞でいくら学んでも，禁煙には至らない。しかし，血縁者や身近な友人知人，親しい同僚などが喫煙や生活の乱れにより病気になると，生活態度を変えて禁煙する。この場合はなますを吹いても元が取れる。いずれにしても，“Everybody has his merits and faults.”「各人長短あり」。これは斎藤(中辞典:435)から。

3. あばたもえくぼ

英　Love is blind. あるいは Love sees no faults.
仏　Il n’y a point de laides amours.

> 日本語では，相手の顔にある醜いあばたでさえも，惚れた欲目からすれば可愛く見える。スタンダールの「恋愛とは美しい誤解である」でもよく知られている。
>
> 英語では直訳的に，「恋は盲目である」と表現したり，「愛にはどんな欠点も見えない」ともいわれる。
>
> フランス語では「恋の相手に醜い者はいない」と表現される。laide は英語の ugly に相当する「醜い」という形容詞である。
>
> 文法的には ne...point で，少しも〜でない。amours は恋人。

日本でかなり早い時期の明治期の終わりから，国文学を柱としてことわざを研究した藤井は，次のようにのべている。「諺はよく国民の特質・才智・精神を現すを以て，その国民の歴史・宗教・迷信・風俗・制度・人情等を察するに，無限の資料を供給す」(藤井, 1929＝1978:91)。本書でもこのような理解で，取り上げた 110 のことわざの内容とその表現について比較検討する。

たとえば，醜いと判断する基準は人それぞれに異なるが，ひいき目でみれば，醜いものも美しく見える。気に入れば，その相手は素晴らしく思える。斎藤（中辞典:115）では「恋は思案の外」とある。美醜の感覚も好き嫌いの感情も老若男女で違う。この多様性は個人を救うし，社会的な安定にも寄与する。「自分の愛している人のことは，なにからなにまでよく見える」（金子，評釈:21）のは事実なので，他人の美醜判断基準を押し付けられては迷惑する。それを「4　有難迷惑」という。

俗に「惚れた欲目」ともいうし，「惚れて通えば千里も一里」もこれに近い。後者の英語表現は "Love laughs at distance." としてもよく知られている。また，正式文章としては "Love blinds a man to imperfections."「惚れた眼にゃあばたもゑくぼ」も掲載されている（斎藤，中辞典:116）。

ただし日常的には，美醜の基準が複数あるために，惚れて通う相手も複数になる恐れが出てくる。浮気や不倫などが無くならないのも，美しさを感じさせる多様性が，顔かたち，人柄，能力，知性などに分かれてそれぞれの判断基準があるためであろう。一方では顔かたちで気に入って，他方ではその知性を愛することもありえる。世間の面白さでもある。

なお，関連する「悪女の深情け」はむしろ有難迷惑に近い。この解釈を受け入れた後で，金子（評釈:4）は「これは心ない諺である。悪女になんの罪があろう」とした。しかし「あばたもえくぼ」なのだから，万人にとっての「悪女」などはいないのではないか。

4. 有難迷惑

英　It is a white elephant.

仏　Cette bonté me gêne (m'embarrasse).

> 日本語表現では，親切の押し売りは迷惑という意味。ましてや陥れる手段としてならば最悪。英語では白い象(a white elephant)の謂れを正しく理解しておきたい。これはタイ(シャム)の故事に由来する。一般論ではそれを保有する価値よりもずっとコストがかかり，トラブルの原因になる所有物をさすが，だからといって売ることもできないし，ひとにあげられず，役に立たない持て余し物のことである。タイ(シャム)の国王が嫌いな臣下を困らせるために与えた故事に由来する。
>
> フランス語の直訳は，「この親切が私を困惑させる」となる。
>
> なお，bonté は優しさや親切心。gêner も embarrasser も困惑させるを表現する。

『大言海』(:106)では，「人ノ懇(ネンゴロ)ナルガ，我ガ迷惑トナルコト」とされた。

1963年(昭和38年)3月の東京大学の卒業式で，茅誠司総長(当時)が卒業生に向けて送った言葉に「小さな親切」がある。「“小さな親切”を，勇気をもってやっていただきたい。そしてそれが，やがては日本の社会の隅々までを埋めつくすであろう」。「小さな親切」運動は，その後「小さな親切」運動本部を発足させ，現在「小さな親切」運動本部は，全国33道府県本部，138市町村支部とともに，次世代を担う青少年をはじめ広く国民の間に「小さな親切」の心を育てる様々な活動を行っている。(https://www.kindness.jp/about/，閲覧日2019年11月13日)

しかしその直後から，「小さな親切大きなお世話」が語られ始めた。「いらぬ世話」ともいう。なぜなら，人それぞれに価値観が異なり，50年前に比べても個人の価値判断を優先する傾向が強くなっているからである。また「小さな」が包み込む範囲も大きく変容している。身近な事例として電車やバスでの席の譲り合いは美談の場合もあるが，声をかけられた本人は足腰を鍛えるために立っているのかもしれず，このようなときに「有難迷惑」が使われる。逆にシニア優先席に座っている若者に「小さな親切」として注意しても，本人は足を捻挫したりケガしているかもしれない。

大きな話としては，地球温暖化の原因とされる二酸化炭素を減らすキャンペーンに同調して，夏場に節電して，熱中症になっては元も子もない。

5. 案ずるより産むがやすし

英　You never know till you have tried.
仏　La peur grossit les obstacles.

日本語では，女性がお産を控えて心配し，実際には生死に係ることもあるが，いざ産むとなると心配していたほどではないという意味である。英語では，やってみるまでは何も分からないという。ほかにも類似表現が多く，"Care is no cure."「心配につける薬はない」もある。

フランス語では，「恐怖はいくつもの障害を大きくすると表現される」。La peur は恐怖，les obstacles はいくつもの障害，grossit は grossir（大きくする）の直説法現在三人称単数形。

> 日英仏それぞれに単語と表現が異なる。日本語では比較級を用いているが，英語ではtillを使う構文になる。一方フランス語では，恐怖が主語となり，それがあると，たくさんの障害を増やすのだと説く。

『大言海』(:118)では，「臨産ニ，心配シテ居タルガ，出産ハ，案外ニヤスラカナリノ意」としている。

出産は女性だけの一大事業だから，この表現は江戸時代からよく使われてきた(『世界ことわざ比較辞典』2020:18)。もちろんそれ以外にも幅広く応用可能である。入学試験や入社試験をはじめとする人生を左右するような試験を受ける直前と，実際に受けた後での気持ちの違いなどを表現する際にも使われる。

英語の「やってみるまで何も分からない」もまた，日常経験から納得できる。いくら事前に想定していても，何かをやり始めると，事前の条件が変わることはよくある。山登りならば天候の急変，事業であれば協力者の離反，野球であれば登板の前日の調子が良くても，翌日の本番では体調が勝れないなど，どこでも誰にでも起こりうる。

フランス語の「恐怖はいくつもの障害を大きくする」でも同じであり，恐怖によって事前にあまり心配していても，本番では案外うまくいくことも多い。

そういう場合には，やりかけたことを中止したり，延期したり，場所を変えたり，協力者を増やしたり減らしたりすると，立ちふさがった障害が取り除けることがある。この一瞬の判断力こそが「産むがやすし」への近道になるが，それには日常的な訓練が必要なことは言うまでもない。

6. 一羽の燕で夏は来ない

英　One swallow does not make a summer.
仏　Une hirondelle ne fait pas le printemps.

英語では「燕一羽で夏にはならない」。日本語と同じ表現で，季節は夏である。日本語の古文の世界ではさすがに季語感が複雑であり，「燕」や「燕の巣」は季節が春だが，「燕の子」になると夏に移される。そして「燕帰る」では秋とする。

ところが，英語との季節感の違いのせいか，フランス語では「燕一羽で春にはならない」。le printemps は春。

これは春か夏かを論じたものではなく，一つの事例もしくは少数の事例だけを取り上げて，そこから一般化を試みることの愚かさを教えることわざである。

一つの事例で物事を判断するのは危険であり，社会学の世界でもタブーである。質問紙を使ってランダムサンプリングを行い，500 人規模の社会調査をする際にはこの危険性はない。しかし，特定のテーマについてのインタビュー調査をするときに，この危険性が増大する。なぜなら，話される内容があまりにも個性的であり，その個別事例の面白さに引き込まれてしまうからである。そうすると，他の事例が見えにくくなり，得られた一例でテーマについての判断をしたくなる。この誘惑に負けないためにも，インタビュー調査では必ず複数の事例に当たりたい。

たとえば，高齢者の生きがい健康づくりでインタビュー調査をすると，70 歳を過ぎても自分のリンゴ園で農作業をしたから健康だという答えが返ってくる。その一方で，カルチャーセンターで趣味のカラオケや書道や絵画を毎週行うから，そのことで人とのつながりが得られることが生きがいになっているという高齢者にも出会う。いずれも高齢者の生きがい健康づくりには不可欠なので，このうちどちらかだけを強調することは避けたい。インタビュー調査の相手が複数必要な理由がここにある。

政令指定都市のように，人口100万人を超え，その内部に複雑な集団構成を持っているところでは，たとえば都市の下位文化(sub-culture)といっても無数に近いから，取り上げる事例次第でどのようにも言える。環境ボランティア活動はまちづくりにも貢献するし，高齢者のゲートボール活動は健康づくりにも孤独防止にも有効だが，暴走族の集まりやドラッグのグループなどは反社会的行為で社会全体に迷惑をかけることになる。

下位文化研究は現代都市の重要なテーマではあるが，一つの事例だけでは一般化できない。誰にとってどのような活動ならば意義があるとまとめるにしても，環境ボランティア，ゲートボールに参加した高齢者，暴走族のいずれかを選ぶわけにはいかない。

集団の一般理論，下位集団の位置づけ，参加する個人の関与度，社会的に意味のある集団か反社会的集団かなどを入念に調べたあとで，テーマに沿って判断することになる。その際の判別の根拠としては，男女別と世代別の基準を使い，さらに階層の違いを考慮する。そのうえで，大都市居住か過疎地域に住んでいるか，本人の健康度はどの程度かも参加度合いを考える材料としたほうが，全体像のバランスが良くなる。

7. 一石二鳥

英　Kill two birds with one stone.

仏　Faire d'une pierre deux coups.

> 日本語と英語は「一つの石と二羽の鳥」がそのまま使われる。石の一撃で二羽を殺すのである。フランス語ではd'une pierre(一つの石)がdeux coups(二度の打撃効果をなす)という表現になる。

「二度」とは一度ではないという意味で，一回の労役や活動で多くの利益を得ることをそれぞれの国語が表現している。フランス語では「鳥」は出てこないが，一度の試みが多くの利益効果を生むと理解できる。

私たちの日常生活のレベルでも，このことわざの恩恵は至る所で感じられる。大学入試は苦労が多くて嫌なものだが，その準備を高校生の時に1回しておけば，合格の暁には，受験勉強の季節だけでは得られなかった多数の友人や恋人にめぐり会える。また，目標の大学の講義でそれまでとは隔絶した知識，語学，学問方法論を知ることができる。

何よりも日本有数の研究者や世界的な学者から直接話が聞ける。これらは受験勉強という一撃をやっていればこそ，多数の利益として享受できる結果といえる。仕事の際にも，中学，高校，大学時代の友人に助けられることが多いが，学生時代からの真剣な友情が続いていれば，20年経っても，その友人が協力してくれるのである。

そして，ネットワークの先のネットワーク効果により，支援をしてもらえる人も増える。「情けは人の為ならず」"One who is kind to others is sure to be rewarded." はここでも真理である。もちろん，自分もまた同じように支援者になることで，長年の「一石」効果が続くのである。

健康管理でも同じであり，暴飲暴食をやめる「一石」により，体重が制御され，血糖値が調整され，血圧が安定する。また，禁煙による「一石」は肺がんはじめ各種のがんの抑制に結びつき，それは国民医療費の削減効果をもたらす。

だから「一石」は自分のためだけでもなく，多くの利益を社会全体にも分けあう働きがあるようだ。

8. 犬も歩けば棒に当たる

英　Every dog has his day.

仏　Qui reste à la maison ne rencontre jamais la fortune.
　　Le hasard amène bien des choses.

> 日英語では犬が主語になり，「棒に当る」や his day（ハレの日）を持つことがあると表現する。
>
> フランス語表現の前者では，「家にじっとしていると，幸せには決して出会わない」とする。犬だけではなく，人もまた家にいるだけでは幸せに出会うことはない。reste は rester（留まる）の直説法現在一人称単数形。
>
> 後者は「偶然が多くのことをもたらす」。Le hasard は「偶然」。bien des choses は「多くのこと」。amène は amener（もたらす）の直説法現在三人称単数形。

斎藤（中辞典:341）では英語表現を「犬（馬鹿）にも豊年あり」と訳している。この解釈には二種類があり，何かをしようとすると災難に遭うという意味と，出歩けば思わぬ幸運に恵まれるという意味が共存している。ここでは後者を使う。

たまにはいいことがないと人生は楽しくない。その意味で「棒に当たる」は「ハレの日」がいい。何年も当たらなかった宝くじの当選はたとえ3000円でもうれしいものである。

「友あり遠方より来る，また楽しからずや」“Great is the joy to see a friend who comes from far.” も真実である。戦友，小中学校の遊び友達，部活の仲間，学問上の恩師，弟子，ライバル，職場の元同僚などとは，時間を忘れて思い出話に花が咲く。

社会調査の意義も意味もここにある。教室でいくら議論をしても，そこから先には進めない。教室を一歩出て，都市でも農村でも，会社でも家族でも，テーマに合わせたインタビュー調査，質問紙調査，資料収集などが新しい展開を保証する。かつて日本一長寿の長野県でその理由を調査していた折，複数の高齢女性との対談の席で，「近所姑」という言葉に戸惑ったことがある。これはいわゆる「嫁姑」の「姑（しゅうと）」から派生して，特定の家の「嫁」を近隣の高齢女性たちが「近所姑」として「見守る」，悪くいうと「監視する」行為を指した言葉であった。そのような周囲の行為により，その家の家風が嫁にしっかり受け継がれる。評価はともかく，それもまた地域文化の伝承方法になっていた。

仕事で歩き回るのは刑事や営業マン，また大衆歌謡の作詞家・作曲家だけでもなく，実証的研究をめざすならば，社会学者も同じである。

社会学の先行研究と独自の社会調査は不可分一体である。長野県での経験のように，研究室では絶対知りえない話が聞けると，それもまた「ハレの日」になる。

金子勇, 2014,『日本のアクティブエイジング』北海道大学出版会

9. 氏（うじ）より育ち

英　Birth is much, but breeding is more.
仏　L'éducation importe plus que la naissance.

日本語の氏(うじ)は家系や家柄の意味。どんな家系に生まれても，それ以上に育て方，育ち方が重要だということ。英語も同じくbirth(生まれや家系)も重要だが，breeding(育て方)がはるかに大事だと表現する。

フランス語でもnaissance(生まれ，出自)よりもéducation(教育，きちんとしたしつけ)が重要だとする。

子どもの氏素性のよさよりも，育ち方ないしは育て方のほうが大事である。名門の御曹司がそのまま立派になるとは限らない。成長途上で脱落した半グレの供給源になる場合すらある。

このように，血筋よりも子どもを取り巻く育てる環境が重視される。なまじ経済界の重鎮，政界の大物，スポーツ界の著名人，芸能界の二世などに生まれると，そのような意味合いで詮索されがちになる。子どもも親もさぞ迷惑だろうが，日本でもこの傾向は変わらない。それは「氏より育ち」を証明できる材料がそのような名門で提供されるからだろう。

家族社会学だけではなく社会学全般でも，子どもの「育て方」(socialization)には関心が高く，いろいろな手法で調べられてきた。また同時にそれが欠落している児童虐待家族でも「育て方」が問い直されている。なにしろ「しつけ」と称して，我が子を虐待して，死に至らしめるのだから。

どのような名門に生まれても，赤ちゃんはその家族環境で育てられるが，虐待されればきちんと育たない。英語で虐待という単語は‘maltreatment’か‘abuse’が多い。前者はmal（悪く）treatment（扱う）であり，後者はab（not）で（正しい道からそれる）use（使い方）で，「虐待する，悪用する」になる。

そうなれば，出自や血筋など何の影響力もあり得ない。ただし，この育て方については家風の一部として次世代にも継承されるから，いったん悪風に染まると，そこからの脱出はなかなか困難でもある。以下，これまでの私の児童虐待研究の成果を使って，この問題を考えておこう。

児童虐待の研究では，被害者の児童が亡くなっていることに加えて，加害者の親が逮捕されて拘留中ないしは裁判中もしくは判決が出て服役中なので，通常のインタビュー調査は不可能である。そのために，資料としては厚生労働省が設置している「社会保障審議会児童部会児童虐待等要保護事例の検証に関する専門委員会」による毎年の『報告書』，私が関与した札幌市における『児童虐待による死亡事例に係る検証報告書』，さらに全国の都道府県や政令指定都市などの自治体が行い，ネットで公表した『検証報告書』を丹念に読み解くことになる。

とりわけ札幌市の検証報告書については，その第一回（2009年）と第二回（2013年）に「検証ワーキンググループの座長」として取りまとめ，さらに第四回（2019年）でもオブザーバーとして関わってきた経験があるので，それらも具体的な材料となる。

自治体の『検証報告書』は，悲惨な児童虐待死事件を受けて知事や市長が議会で「検証する」と宣言してから，速やかに自治体が設置している子ども・子育て会議のなかにある児童福祉部会に，ワーキンググループが専門家委嘱という形で作られる。委員会の目的は，二度とこのような事件が起きないような方策をまとめ上げることにある。発達心理学，精神医学，小児科学，保育学，弁護士，そして家族社会学や福祉社会学の専門家が多く，多くは5名程度が当局によって厳選される。

ただし，児童虐待死事件の背景も加害者も多様なので，幼児が虐待死させられた場合では小児科学や母子保健学や発達心理学を軸とした議論もあれば，母親の精神的疾患によるネグレクトではDVや保育の仕方などに原因が求められることも多い。

札幌市の第四回(2019年)の経験でも，5名の専門家が半年以上にわたる詳細な関係者ヒアリングを実施して得られた膨大なデータを精査して，「再発防止」の重要性がきちんと指摘された。具体的対策としては市役所内の児童虐待関連組織の専門性の向上，専門家の増員，研修体制などが繰り返し提言された。これにはまったく同感である。

同じく組織間の連携として，市役所児童相談所と警察との連携や情報交換，交流が幾度も強調された。なぜなら，組織内そして組織間の「切れ目のない支援」が困難である以上，何度も言い続けるしか実現しないからである。これもまた正しい指摘である。

ただし，第四回の事件の場合では，保健師や生活支援に関連して今回の一連の事件経過をたどりながら，報告書にあるような「自らの担当職務の枠内に関心が限定され」(:38)たことを追及することは容易だが，限定を超えた実行は簡単ではない。これは留意しておきたい事実である。なぜなら，その職務限定こそがむしろ市役所や企業をはじめウェーバーのいう現代官僚制組織の原点であるからである。

市役所でこの職務限定を超えさせるには，「日常実務に徹底する取組」を変えるための，市長自らが行うプログラムの実施が必要になる。そこからしか，札幌市役所全体で「職務限定」を超出できるという官僚制文化は誕生しない。なぜなら，心地よい響きのある「子どもファーストの精神」は子ども未来局では当然だろうが，高齢者福祉や医療関連では支持されないこともあるからである。ましてや建築や土木，まちづくり課や商店街振興担当者も納得しないであろう。官僚制の鉄則はここにも貫徹する。

さらに，報告書には全体的に「要保護児童対策地域協議会」(要対協)への過大な期待が認められるが，これまでの検証委員会四回の経験でいえば，それが札幌市で開催されてこなかった理由の掘り下げが不十分である。この組織は支援を必要とする児童について，その早期発見や適切な保護を図っていくため，児童福祉法第25条の2で定められた協議会ではあるが，あまりにも構成機関が多すぎるという欠点がある。何しろ「児童福祉関係」で児童相談所や保育所，民生・児童委員など11機関，「保健医療機関」では保健所，医師会，看護師会など7機関，「教育関係」では教育委員会や幼稚園，小学校，中学校など，「警察・司法関係」でも警察と弁護士会，「人権擁護関係」では法務局と人権擁護委員，その他があり，合計すると30機関ほどになる。とても速やかな対応が可能な組織形態とは思われない。

この条件を緩和せずに，児童虐待の現場では，過剰な期待感だけが独り歩きしているような印象が強い。現今の「要対協」の機能は，担当者の問題意識，専門家の増員，専門性の向上だけでは改善しない。なぜなら，30余りの構成機関の間には児童虐待への対応にも温度差がありすぎるからである。これでは開催日時調整すら困難であり，その活用の有効性は誰にでも分かってはいるが，現実的には機能しえない。もっと実際に動けるようなひとケタの構成機関数が望ましい。

だからこそ，これらの組織を束ねて動かす中間マネジメント，トップのマネジメント，トップの判断が重要になる。

〔児童虐待死の共通要因〕

札幌市を含めた全国の検証報告書や結果を総合すると，児童虐待死にはいくつかの共通要因の存在が判明している。

最大の原因は都市化・産業化に伴う日本現代家族の変質と崩壊である。私はこの状態に対してウィリアム・グードが50年前に使った'empty shell family'(抜け殻家族)を再提起して，この概念を基礎とした支援を主張している(金子, 2020)。そこには家族現象として夫婦間の暴力と不和，親子間の争い，兄による妹へのハラスメントなどが，児童虐待死の背景として浮かび上がるので，それらに対しての社会的介入の段階と方法について処方箋を描いている。

家庭内不和の筆頭原因は貧困にあり，とりわけ夫(父)の失業，無職，無収入によることが多い。収入がないという過大なストレスは産業化による業績主義社会に不適応を引き起こし，その結果その矛先がいたいけなわが子に向かい，虐待行為が連綿として続き，その先に虐待死(殺人)があった。

もう一方の児童虐待を引き起こすのは，夫(父)というよりもどちらかといえば妻(母)の精神的疾患としての統合失調症である。この病気は症状が固定化しないことが多く，軽い時は何でもないが，重くなると，自傷行為を行ったり，わが子への虐待行為が続く。そして，ついには殺傷に至る。

第三には，再婚した夫が女の連れ子に暴力をふるったり，あるいは交際相手の男が虐待して，わが子ながらも女がその虐待に加担し，黙認する事例がある。子どもは親を選べないから，そのような親のもとで誕生した小さな命は不幸というよりほかにない。

全国の虐待死事例を精査すると，第一から第三の原因までは，小さな命を産み落とした女性の年齢が 20 歳以前である場合がきわめて目立った。象徴的には母親が 17 歳で長女を産み，その長女も 17 歳で出産した事例もあった。俗にいう子どもが子どもを産むのだから，育児法もよく知らず，母親としての自覚にも乏しい。35 歳の祖母にしても，事情は変わらない。法律では 20 歳前の妊婦を「特定妊婦」と位置付けて，リスクを有しているとみなした対応をしているが，出産後は特にこの「早母」(金子, 2016；2020)への支援を優先することはない。

同居する家族からの支援がなく，まして子どもの父親でもある交際相手の男と別れた「早母」であってみれば，育児不安が強くなるのは当然であろう。そのような事例が数多いのだから，「早母」の危険性を義務教育や高校教育でもデータに基づいてきちんと説明しようという予防としての「介入」方法も主張した。

どのような男女でもその家族がいるが，若い二人と親や兄弟姉妹の関係がうまくいくとは限らない。政令指定都市に象徴的であるが，三世代同居は札幌市のようにすでに全世帯のわずか 2% 程度しかないので，親世代からの直接的支援が受けられない子ども世代も多い。加えて，近隣関係もまた空虚になっているので，総じてコミュニティレベルでの「無縁社会」であることを踏まえたアソエーションレベルでの市役所，区役所，児童相談所，母子保健センター，保健所，警察，保育所・幼稚園，学校，医療機関などの「介入」支援も取り込んでみた。

〔組織論〕

しかし，札幌での検証報告や全国での検証報告でも等しく指摘されているように，諸機関の連携は「言うは易く行うは難し」の典型である。一つは専門性が異なるために，どのような人的資源と社会資源を活用すればいいのか分りにくいことがあげられる。さらに，それぞれの組織目標が異なるために，「連携」したレベルの何が「目標達成」になるのかの合意に乏しい。

加えて，加害者の一定比率に統合失調症その他の精神的疾患を見て取れるが，その主治医による行政や児童相談所や警察への事前情報開示もまた「個人情報保護法」により簡単ではない。

確かに「要対協」が関係機関に情報提供，意見の開陳，その他必要な協力を求めることができると「児童福祉法 25 条の 3」では明示してはあるが，最終的には主治医の判断次第になるので，病気関連情報の事前共有はなかなか困難である。

そして市役所，区役所，児童相談所間の連携がうまくいっても，残る課題としては，児童虐待の認定，介入，一時保護，保護解除などの最終的な判断と決定をどこが行うのかのルールがある。これは連携を仕切るマネジメントの主体の問題である。連携不足の要因には人員不足，時間不足，費用不足があるから，この解決にはどこまで国家予算での支援ができるかに尽きる。

ただし，神戸市の「こども家庭センター」(児童相談所)で，深夜 3 時に助けを求めにきた小学 6 年の女児を，当直勤務にあたっていた NPO 法人の男性職員が追い返していたという 2020 年 2 月の事件を考えると，担当者の質的向上が優先されることは言うまでもない。この事件は児相の正規職員だけではなく，業務委託を受ける NPO に所属する職員の質的向上がなければ，単なる数合わせでは児童虐待対応が不十分になることを教えている。

これらを放置して，組織間連携や「要対協」の積極的活用をいくら主張しても，それは絵に描いた餅になるだけである。その意味で，日本社会で「抜け殻家族」が増加してきた「少子化する高齢社会」に本格的に取り組み，次世代の生命と権利を守る政策をどのように具体化するかに児童虐待対応の成否がかかっている。

〔予防論〕

上述した組織論的予防のための改善は当然だが，「再発防止」には家庭内での「予防」も欠かせない。そのためには，札幌市での『第四回検証報告書』で数回繰り返されたような，「思春期・若年期に焦点を当てた支援の枠組み創設」だけでは，その具体性に欠ける。なぜなら，「特定妊婦」を「ハイリスク」と判断することは正しいが，そうならないために「特定妊婦」が出産した後の「早母」による児童虐待加害者率の異常なほどの高さを，「思春期・若年期」の者に全国的な数字で具体的に示すというような家庭内部や教育面での「予防」もほしいからである。

札幌市では新しい試みとして，家庭内「予防」の一環として，「当該世帯の歴史を含む成育歴を十分に考慮に入れる」ことが打ち出された。これは画期的な指摘ではあるが，どのような内容になるのかは『第四回検証報告書』には明記されてはいない。

ただし，その趣旨を活かして，これまでの児童虐待で検挙された母親(父親も)の生育者としての親(児童虐待で死んだ子どもの祖父母)の育て方を含めておきたい。なぜなら人の大多数は，産まれた「定位家族」の文化を濃厚に身につけて育つからである。それは 17 歳での出産が繰り返されたという第二回の札幌市の『検証報告書』に示された通りである。このような「特定妊婦」

から「早母」の危険性を，全国的に収集されたデータによって示す教育的「予防」もまた今後は実践したい。

よく言われるような「児相と警察間の法制度の理解促進」は当然だが，それらが全国でも久しく成功しない事情を鑑みると，近未来の検討事項としてその両者が融合したまったく新しい「子ども交番」も想定しておきたい(金子, 2020)。

常識的には児童相談所や市役所内部での各種研修体制の強化はもちろんであり，「外部の複数の専門家を含む常設委員会」などは，児童虐待防止にも有効であり，今すぐにでも実現してもらえればと願う。あわせて，今後確実に21世紀中盤までは続く「少子化する高齢社会」への知の組み直しの一環として，現在の厚生労働省と文部科学省の一部を解体して再編成することを前提とした「子ども家庭省」新設を主張しておきたい。これもまた地方創生にもつながるが，次世代の健全な育成に向けて，中央も地方も社会資源の新しい投入方法を開始する時期なのではないか。

金子勇, 2016,『日本の子育て共同参画社会』ミネルヴァ書房
金子勇, 2020,『「抜け殻家族」が生む児童虐待』ミネルヴァ書房

10. 疑うは知恵の始まり

英　Suspicion is the beginning of wisdom.
Doubt is the origin of wisdom.

仏　Le doute est le commencement de la sagesse.

日英仏語ともに同じ単語と文章である。
beginning＝le commencement　wisdom＝la sagesse

疑いは科学的探究心の始まりでもある。「それはなぜ？」という問いかけこそが人類の文明をここまで押し上げてきた。自然科学，医科学，人文社会科学系の区別を超えて，この姿勢こそが学問の入り口である。‘wisdom’ は知恵であるが，多くの場合，それは 4 種類に分けられる。それらは knowledge（知識），experience（経験），good judgement（良い判断力），common sense（常識）である（*Idiomatic and Syntactic English Dictionary*, 1973 : 1262）。

事例は無数にあるので，社会科学系の学問で有名な疑いとそこからの知識を概観しよう。アダム・スミスは，1776 年に特定の製品を生産するには，労働者が全工程を一人で受け持つのではなく，細かな工程のみを「分業」して，全体を総合すれば，生産力が飛躍的に発展することを述べた（大河内一男監訳『国富論』（Ⅰ Ⅱ Ⅲ）中央公論社, 1978）。

マルクスは，人間の社会的存在がどうして決まるかについて，次のような関係を発見した。「人間は，その生活の社会的生産において，一定の，必然的な，かれらの意志から独立した諸関係を，つまりかれらの物質的生産諸力の一定の発展段階に対応する生産諸関係を，とりむすぶ。…物質的生活の生産様式は，社会的，政治的，精神的生活諸過程一般を制約する。人間の意識がその存在を規定するのではなく，逆に，人間の社会的存在がその意識を規定する」（武田ほか訳『経済学批判』岩波書店, 1993 : 13）。

すなわち本格的な行動変容のためには，その人の社会的存在を変えるような外的環境を変化させるか，権力的な外圧を加えるしかない。それにより認識が変わり，態度の変容が生まれ，行動自体が変質する。2020 年 2 月からの世界的な新型コロナウイルス感染対応は，このような外的環境が個人の行動変容を促進させることを教えた。

ヴェブレンは，「気前の良い消費」が一部の有閑階級で始まり，それが広く「散財」に繋がることを発見し，そのような見せびらかしのための消費を ‘conspicuous consumption’ と命名した。財力をはり合って，人よりも優越性に浸りたいからである(村井章子訳『有閑階級の理論』筑摩書房, 2016)。このような誇示的消費行動も有閑階級という社会的存在から導き出される。だから，ひとたび外出自粛や休業要請というような外的条件が新しく追加されると，デパートや専門店が休業することもあって，誇示的消費行動も消失してしまう。これもまた，新型コロナウイルス感染地域の行動変容で認められた事実になった。

高田保馬は，全体社会レベルでは社会的結合の分量が一定しているとする「結合定量の法則」から，結合強度の相関と結合強度の数との関係を学史と身辺観察からまとめ上げた。これはその後の社会関係の実証研究をする上での導きとなるものである(高田保馬『社会学概論』(新版)ミネルヴァ書房, 2003)。

いずれも人類史上の有名な疑いとそこからの解答である。

11. 馬の耳に念仏

英　It is like preaching to deaf ears.
　　Cast pearls before swine.

仏　Jeter des perles aux pourceaux.

馬，犬，豚，猫などの動物が使われるのは日英仏語ともに同じである。英語の swine は豚(文語や専門語，集合的に使う)。だからこれが「豚に真珠」の直訳。

フランス語でも perles は真珠(perle 複数)で pour-

ceaux（複数）は pourceau（豚，単数）なので，この文章は直訳すると「豚に真珠」となる。
いずれも新約聖書マタイ伝７章。

日本語でもいろいろな表現をする。これ以外にも，「猫に小判」，「豚に真珠」，「犬に論語」などがある。大切なことが全く伝わらない時の表現で，英語でも複数ある。高価なものを与えても使い方を知らず，その価値も分からない場合によく使われる。念仏は尊いが馬の理解を超えるだろう。猫に小判を与えても使えない。豚に真珠を与えても価値が分からない。犬に孔子の話をしても無駄である。

以上は動物だから，このことわざを繰り返し使っても反論しない。しかしこれは人間にも十分使える。一つはどのような刺激にも鈍感な人に，このことわざを当てはめることがある。二つ目はせっかく価値のあるものを提供しても，それが分からずに，そのままにしてしまう人にも向けられる。提供するものは黄金でもいいし，情報でも知識でも構わない。方法を教えることも重要な価値である。

だから，学問やスポーツや音楽を超えて，このことわざは仕事全般に広がりを見せる。たとえば，発声の仕方で腹式呼吸のコツを教えられると，うまく歌える人がいる。俗に身体のなかから発声すれば，音程がブレないし，声量が保てる。

社会調査の方法でも，現地での挨拶の仕方，訪問調査に関わる注意事項，データ集計の際のデータクリーニングの留意点など，貴重な情報は講義やゼミで教えるのだが，受け取る方の基礎力が不足すると，どのようなメッセージも全く届かない。

その他，外国語の発音でも，数回指導してもらえば，見違えるように改善される人と，変わらない人がある。これはもって生まれた能力の違いが大きいのであろう。

12. 驕(おご)る平家は久しからず

英 Pride will have a fall. あるいは Pride goes before a fall.

仏 Un orgueilleux ne dure pas.

> 日本語の平家は英語やフランス語では直訳できない。日本人にこのことわざはよくわかるが，英仏語では一般化した表現をとる。英語では，誇りが弱まり，傷つけられ，失意のどん底に陥ると表現する。
>
> また，フランス語でも orgueilleux(高慢な人)は長く続かない(ne dure pas)とする。dure は durer(長く続く)の直説法現在三人称単数形。

このことわざは，人生や社会の大原則のひとつであり，絶頂期は長続きしないことを平家物語の冒頭「奢れるものは久しからず」から取ったものである。そのために平家物語の知識を必要とする。平安末期の「平家」の絶頂期が短く，たちまち滅亡したという歴史的事実の知識が前提になる。もちろん平家だけではなく，日本だけでもなく，古今東西の個人，組織，国家レベルのすべてで，これは該当する。

たとえば作曲家や作家や歌手でも，経験則ではその絶頂期は 3 年くらいしか続かない。作品が受け手に飽きられるからである。そのために，絶頂期を維持するには作風を変化させることが必要になるが，同じレベルの変身は非常に難しい。歌謡曲の作曲家や歌手がいきなりジャズ風の作品に取り組んでもうまくいかないことが多い。スポーツ選手でも同じであり，短距離走の勝者が変身できるのはその走力を活かした走り幅跳びくらいしかない。

同じ事は会社にも言えるが，時代の変化に対応できずに消えた銀行や商社やメーカーは珍しくない。しかし時代のニーズをとらえて，急成長した企業も多い。東洋陶器は和式便器を主力としていた時代では低迷していたが，ウォシュレットの独自開発により，国民の清潔志向に後押しされて，TOTOとして日本有数の企業に成長した。

NECは高度成長期までは日本電気として家電製品などを製造販売していた。その時期は，大手家電五社(日立，東芝，三菱電機，松下電器，シャープ)の後塵を拝していたが，1980年代からコンピューターメーカーとして飛躍を遂げた。

富士フィルムはデジカメの普及により主力の感光フィルム商品が壊滅状態になる前に，それまでの技術を活かした化粧品業界や薬品製造へと転身を図り，成功した。このようにいずこも栄枯盛衰の世の中の断面を見せてくれる。

13. 遅くてもしないよりまし

英　Better late than never.

仏　Mieux vaut tard que jamais.

日英仏語ともに遅くても(late，tard)，しない(never，jamais)よりましとする。主語が省略されている文章であるところも同じ。フランス語のvautはvaloir(価値がある)の直説法現在三人称単数形。もっと丁寧な表現もある。Il n'est jamais trop tard pour bien faire.「善事をするのに遅すぎることはない」。こちらは文章としての省略がなく，完全な表現になる。

かねてから音楽表現としての作曲に関心を持ってきた私は折に触れて曲を作り，書き溜めてきた。地域社会研究をライフワークとしてきたので，いわゆる「ご当地ソング」になりがちであるのはやむを得ないが，神戸でも機会を得て「丹波篠山風の音」と「神戸坂道四季の音」を作詞作曲した。いわば「遅くてもしないよりまし」の実践である。

それは地方創生論との接合を目指したものでもある。なぜなら，「少子化する高齢社会」における「地方創生」論を探る中で，私は「活性化・再生」から「発展・創生」までの条件を求めてきたからである。

しかし，毎年兆の単位の予算がつけられた内閣府の「地方創生事業」では，「しごと」を地方で増やす効果が全く見えてこない。「まち」「ひと」「しごと」の関連が不鮮明であり，「創生」の判断基準も不十分である。そこで2019年から論文著書による研究成果とともに，音と動画を取り込んだ音楽社会学的な手法を並行させ，「地方創生」の「ひと」の交流に寄与できるように音楽を媒体要因にしてみた。

表現手段を文字から音と画像に変えて，自ら「丹波篠山風の音」と「神戸坂道四季の音」を作詞作曲した。それぞれの歌詞は簡単な七五調で，六行で三番までに限定した。一番だけで12文字×6行の72文字，三番までの合計が216文字になる。自然，四季の移り変わり，景色，歴史，文化，産業などを歌い込み，短調で作曲した。歩き回る雰囲気は，吉田正メロディと同じく三連符と付点八分音符を多用して，ベース音を響かせて，13 度の音域でメリハリをつけて表現した。メロディとリズムとストーリーをもつ歌詞により，地方創生の雰囲気を醸し出せる作品をめざした。

まず作詞作曲をして，それを業者に編曲してもらい，カラオケ版を作成する。その後に業者が紹介した歌手の候補から，2 作品にふさわしいと私が判断した歌手に歌ってもらう。そのデモテープを数回チェックして，業者に歌入り CD を制作してもらった。この期間に，現地で私が動画と写真を撮影した。

歌の内容に合わせて，私が動画と写真を配列し直して，業者に映像化した DVD を作ってもらい，そのまま YOUTUBE にあげた。その結果，「丹波篠山風の音」は 2019 年 2 月 14 日からのアクセスが 1 か月で 300 回を超え，2 か月で 700 回を超え，3 か月で 1000 回に到達した。ただその後のアクセスは伸び悩み，12 月 24 日に 1702 回を超え，2020 年 7 月 14 日で 1965 回になった。

同じく 2019 年 5 月 11 日に YOUTUBE に登場した「神戸坂道四季の音」は 20 日で 240 回を越えた。こちらも同じくそれからのアクセスに乏しく，12 月 24 日に 717 回になった。最初の 2 か月は毎日平均 10 件程度のアクセスが続いたが，それから漸減して，毎日 1 人～3 人程度の視聴が数字としては記録されている。2020 年 7 月 14 日でようやく 901 回のアクセスがなされた。

丹波篠山市や神戸市へのアクセスが増えれば，交流人口や関係人口という昼間の「ひとの流れ」が大きくなるという仮説で始めたので，YOUTUBE の 1 か月後に，ジョイサウンドのカラオケで 2 曲ともに歌えるようにした。これは私自身のアクティブエイジングの手段でもあり，実践を心がけている。さらに，地方創生の論文や著書とは別に，2曲のYOUTUBEへのアクセス回数が着実に増加することが毎日の楽しみになった。

「まち，ひと，しごと」の融合としては，丹波篠山市と神戸市を超えて，この歌曲と動画は全国的な周知が可能になり，交流人口や関係人口面の「ひと」の動きにある程度は役に立ったかもしれない。もとより「ひと」の動きを仕掛けるだけのYOUTUBE動画とカラオケではあるが，文字だけの地方創生論を離れた地平で新生面が生まれることを期待する段階にある。但し新型コロナウイルス感染予防で，カラオケは半年間自粛中である。

金子勇, 2010,『吉田正』ミネルヴァ書房
金子勇, 2016,『「地方創生と消滅」の社会学』ミネルヴァ書房

14. 鬼の居ぬ間に洗濯

英　When the cat is away, the mice will play.
仏　Quand le chat n'est pas là, les souris dansent.
　　Le chat parti, les souris dansent.

日本語では鬼だが，英語でもフランス語でも猫とねずみが登場する。「猫がいなくなると，ねずみは喜んで遊ぶだろう」。「猫がいなくなると，ねずみは踊りまくるだろう」。

猫＝cat＝chat，ねずみ＝mice＝souris. parti はpartir（出かける）の複合過去三人称単数形。dansent はdanser（踊る）の直説法現在三人称複数形。

『大言海』（:343）では，「大江山ノ酒顚童子ノ侍女ノ，衣洗ヒト云フコトヨリ起レル語ナルベシ」とされている。

日本語のほうが個性的な表現であり，鬼と洗濯に微妙な違和感がある。ただし，姑が鬼だとすれば，姑が不在の時に嫁が洗濯するという光景が浮かんでくる。もっと一般化すれば鬼とは自分の目上の存在である。

猫とねずみの関係も強弱でいえば，猫がねずみよりも強い。だから，強い猫が不在になると，ねずみは喜んでダンスを始めるのだろう。なお，play に対応するフランス語は jouer である。

参考までに英語の cat には独特の表現がある。“A cat has nine lives.”(叩いても死なぬ)。

“Care killed the cat.”「九生である猫でさへ苦労に勝てず。(況して人は苦労すると寿命を縮める，呑気に暮せ)」。この 2 例は，斎藤(中辞典:166)から得た。

これは人間関係に敷衍してもよくわかる。家庭内では父親，学校では教師，職場では上司や上役が猫であり，それ以外の家族員や職場の人間がねずみとすると，そのような「気づまりな存在」が不在になれば，下っ端もストレスから解放される。

そうすると，「命の洗濯」もできる。姑と嫁では実際の洗濯であろうが，職場などではむしろ「命の洗濯」が該当する。それらはすべて拘束からの解放を意味する。現代社会では周囲からの視線がたくさんあり，気が抜けない時間が続く。家庭内でも夫婦や親子や嫁姑間にイザコザがあると，落ち着けない。だから，強いほうが不在になると，弱いほうは喜んで息抜きをするのだろう。しかし，同じく強いほうもしばしの関係を忘れて，外で楽しんでいるのかもしれない。

15. 溺（おぼ）れる者は藁（わら）をもつかむ

英　A drowning man will catch at a straw.

仏　Un noyé s'accroche à un brin de paille.

> 日英仏語ともに同じ言葉を使い，文章も変わらない。溺れる者(日)＝drowning man(英)＝noyé(仏)。藁＝straw＝brin de paille(藁くず)
>
> 英語の catch at a straw はもっと一般化されても使うようである。人は窮すると，何にでもすがる。
>
> s'accroche はつかむ。
>
> なお，noyer という動詞でも，"se noyer dans un verre d'eau"（コップの中で溺れる＝何でもないことにつまずく)という表現がある。

これは英語からの翻訳だといわれる(『図説ことわざ事典』154頁)。金子は "A drowning man clings to a blade of grass."(草の一葉にもしがみつく)を紹介している(金子, 続評釈:79)。内容は「藁」とまったく同じである。ただし斎藤(中辞典:357)では「窮鳥枝を選ばず」という異なった訳が付けられている。折れそうな細い枝でも，鳥にとっての限界状況では選ぶのであろう。

危険や困難から脱出する機会なら，それがどんなに小さくてもつかまえようとするような場合にも使われる。溺れるという極限状況では冷静な判断などできないから，身体が沈むのを避けるために近くに流れている木片や丸太などはもちろん，藁でさえもつかもうとする。当然その先には藁などでは沈むのが防げないという予想がある。

そうならないためには，まず溺れないことである。日常的に泳ぐ練習をして，緊急事態にならないように気を付ける。それでも自然災害や社会的事情により日常生活が溺れてしまうような事態になることがある。それをどこかの誰かに支援してもらえれば，緊急避難ができる。それには藁よりもずっと信用できるもの，すなわち家族，親せき，友人，仲間，会社，職場，行政相談，弁護士事務所などが役に立つ。ただし，どこまで親身になってくれるか。それは溺れようとする者の日頃の態度如何であろう。

たとえば日本語の「情けは人の為ならず」の英語版では “A good deal is never lost.” になり，フランス語では “Un bienfait n'est jamais perdu.”（直訳すると，「善行はかならず報われる」）。すなわち，日常的に親切なふるまい，a good deal や un bienfait をしておくことに尽きるようである。

16. 思う念力岩をも通す

英　Nothing is impossible if you put your mind to it.
仏　La volonté déplace les montagnes.

> 英語では「意志を集中すれば，できないものは何もない」とする。二重否定の表現法。フランス語では意志（volonté）が山（montagnes）の位置を変える（déplace）と表現する。

日本語では「思う念力岩をも通す」なので，英語よりも「山を動かす」とするフランス語に近い。英語では一般的な表現である。いずれも「意志の力でできないものはない」と強調する。だが，果たしてそうか。

自分の目標達成でも様々な障害が出てくる。ましてや他者が絡んでくると，いろいろな厄介ごとが生じやすい。その最大の問題は，権力が行使される可能性にある。権力とは複数の関係の中で抜きんでた「優越した意思力」を意味して，それを保有するのが権力者といわれる。

ウェーバーの権力の定義「或る社会的関係の内部で抵抗を排してまで自己の意志を貫徹するすべての可能性」は有名であるが，その後にくる「この可能性が何に基づくかは問うところではない」(ウェーバー, 1921＝1972:86)も重要である。

確かに首相や大統領ならば「意志の力」で山でも海でも変えられる。国でさえ亡ぼせる。しかし，元首相や前大統領ならば不可能だ。ここから導けるように，「可能性」の筆頭はその国の憲法で最高位とされている地位である。近代以前の多くの国では国王，皇帝，女王，豪族などといういわば世襲権力的地位が，「王権神授説」を基盤にして最高権力を有していた。

日本でも藤原氏に象徴的なように，古代天皇家に貢献した名家だけが世襲的権力を持ち得ていたが，平家と源氏という武士の台頭により権力保持者が変わった。戦国の世を信長，秀吉，家康らが終らせて，明治維新までその構造は続いた。

明治以降は天皇制国家として，太平洋戦争後は国民主権のもとで，議会制民主主義国家として，それぞれの権力構造は変わりながら今日に至っている。

Weber, M., 1921, *Politik als Beruf*. (＝1962, 清水幾太郎・清水礼子訳「職業としての政治」『世界思想教養全集 18　ウェーバーの思想』河出書房新社:171–227). (＝1959, 西島芳二訳『職業としての政治』角川書店). (＝1980, 脇圭平訳『職業としての政治』岩波書店)

Weber, M., 1921, *Soziologische Grundbegriffe*. (＝1972, 清水幾太郎訳

『社会学の根本概念』岩波書店）

17. 終わりよければすべてよし

英　All's well that ends well.

仏　Tout est bien qui finit bien.

> 日英仏ともに終わり(end, finit)もすべて(all, tout)も使われている。文章も単語も全く同じである。ただし日本語のことわざは英語(シェークスピアの劇の題名)を翻訳したものといわれる(『図説ことわざ事典』: 163)。finit は finir(終わる)の直説法現在三人称単数形。

紆余曲折があっても，最終的に成果が得られればいい。これはその通りである。入学試験でも途中の模擬テストで失敗しても，本番の試験にいい点数をとれば，合格できる。2020 年に世界的に発生した新型コロナウイルス感染への対策でも，初動にもたつきがあり，その後も一連の過程で紆余曲折があっても，最終的に抑え込めれば，その全体としての対応は成功したことになる。

野球でフルカウントに追い込まれても，一打逆転満塁ホームランの可能性もある。マラソンでも 35 キロ地点や 40 キロ地点でのラストスパートが重要なのであり，それができれば優勝する。

作曲ではメロディが出来ても，そのイントロがうまく重ならないと，聴衆に届かない。出だしの部分で観客を引き込めるかどうか。編曲の才能も作曲と同じく重要である。

ところが，これとはやや異なることわざもある。日本語では「始めが大事」という。英語では “A good beginning makes a good ending.” となる。あるいは “You have to start somewhere.”「何事にも始めがある」も使われる。

さらに，“Well begun is half done.”「始め宜ければ半ばの成就」。これは斎藤(中辞典:1640)にある。後者のフランス語表現は“Il y a un début à tout.”「何事にも初めがある」となる。

これは何かをする際には，最初が肝心であることを強調する教えでもある。仕事でも学習でも習い事でも「終わりよければすべてよし」ではあるが，有終の美を飾るには「始めが肝心」でもある。結局は始めから終わりまで一貫した精力を傾けて取り組もうということであろう。

18. 温故知新

英　Things present are judged by things past.
Learning from history.

仏　Par le passé l’on connaît l’avenir.
L’étude de notre passé permet de connaître notre futur.

それまでの知識を新しい領域に持ち込む。それは広義には歴史の学習であり，過去の事実や先人の学説を研究して，新しい知識や知見を創造することである。日英仏語ともにこの内容に忠実だ。

フランス語では，少し詳しくなるが，「過去を知ることにより，未来を知る」,「自分たちの過去を学ぶことが，その将来を知ることを可能にする」と表現する。avenir も futur も未来(future)を意味する。connaît は connaître(知る)の直説法現在三人称単数形。

『大言海』(:363)では，温故について「故キ事ヲ温ネ知ルコト。

又，昔ノ事柄ヲ研究スルコト」と書いている。

「故きを温（たず）ねて新しきを知る」で周知の四文字熟語である。文献により過去に学ぶか，調査の現場で自分の経験を通して学習するか。論理的表現の訓練，データの処理と解読にとって過去の研究蓄積を学ぶことが一番の近道を得る。伝統を活かして新しい知見や技術などを創り出すことを総称することわざである。

およそ知的営みのすべてでは，過去に学びながら，独自のものを追求するところから始まる。それは学問，語学，音楽，絵画，彫刻，作陶，日舞，洋舞などで示されてきたとおりである。同時にスポーツの各分野でも，過去の経験と知識が現在のレベル維持や向上に役に立つ。過去の大投手や名選手に学ぶところは大きい。

ただし，能力によっては「温故」は得意だが，「知新」に向かない人もいれば，その逆に「温故」よりも「知新」に恵まれた才能を発揮する人もいる。

引用した英語は文字通り正確な表現になっている。ただし，英語では過去から現在の 2 地点間であるが，フランス語では過去から現在を通りぬけ，未来にも及ぶという違いがある。

古いものの再発見とともに，新しさの探求には使用する機器や道具類が変わるので，そのための学習もまた必要だ。ペン書きからワープロ書きの 15 年間を経て，現在はワードやエクセルの時代なので，その適応にも資質や能力が問われることになる。

さて，本書の準備期間と校正中に日本でも世界でも新型コロナウイルス感染が広がった。感染予防は待ったなしであるが，日本では 2 月に発症が確認されてからの 6 か月間，2 つの言葉に私は違和感を持ち続けている。テレビをはじめとしたマスコミも政界でも，以下の 2 つの言葉が誤った意味で使われてきた。その粗雑なレベルでは第三次世界大戦並みの新型コロナウイルス感染の蔓延に有効とはいえないであろう。感染症医学ではなく，温故知新的な立場から社会学による修正案を示しておきたい。

一つは社会的距離(social distance)である。distanceは語源的にはdis-apart，tance-standなので，stand apart距離がある，隔たりがある，疎遠という意味になる。とりわけ空間的な隔たりを指して，遠方にある状態を表す。しかし，これにsocial(社会的)が付くと，空間ではなく，親しさの度合いや疎遠の程度を表現する。従って，社会的距離とは集団間や個人間での親しさの程度を表す際に用いられる概念となる。

英和辞典レベルでも，「集団間における牽引と反発の度合いで，人種・階級・職業的地位などがその決定因となる」(『研究社新英和大辞典』)，「職業上の地位や階級などによる個人または集団間の親近性の程度」(『ランダムハウス英和大辞典』)，「主に社会階層を異にする個人・集団間の親近度，許容度を表す」(『グランドコンサイス英和辞典』)というような「親近性」の度合いに限定された説明がなされている。日本の『広辞苑』でも「集団と集団との間，個人と個人との間における親近感の強度」とされる。

このように使われる概念なので，新型コロナウイルス感染予防でこの6か月間強調されてきた人と人の間隔を2mくらいに空けることを意味するのではない。そのような使い方は学問的にも間違っている。本来は人種・民族・国家・国民・階層などの親近度なのだから，社会的距離は離すのではなく，むしろもっと近づけて，人種間，国家間，国民間，階層間で親しく連帯して，新型コロナウイルス感染予防に立ち向かう際にこれを使いたい。

もう一つは，首相や新型コロナウイルス感染予防担当大臣，知事や市長が連呼する「不要不急の外出自粛」である。「不要不急」の英訳は non-essential であり，要は essence（生きていくうえで最も本質的な行為）ではないことに尽きる。外出行為はその人のニーズを満たすためではあるが，人の属性により異なるから，一般論だけで「外出自粛」をお願いしても，そのメッセージが届きにくい人が必ず出る。

すなわち，「世代」で分ければ，生徒・学生，働く人びと，退職者の3群ごとに「不要不急」の内容が異なる。さらに，「世代」の中に「男女」の別を入れると，外出理由の違いがより鮮明になる。これに「階層」の上中下を組み合わせたり，働く人々のカテゴリーを経営者（雇用者）と被雇用者に分けるだけでも，細かなメッセージが可能になる。あるいは，自宅での自営業者と電車バスを使う通勤する被雇用者でもよい。

事業経営者でも，一店だけの経営者，チェーン店の経営者，零細・中小企業経営者，大企業経営者などの違いで，休業自粛期間中の売り上げ減は大幅に異なる。基礎体力のある大企業と当日の売り上げが翌日の仕入れにそのまま回る零細な商店とでは，休業補償の程度が変わってくる。

教育面でも諸事情を考慮して，18歳から24歳くらいまでの大学生への一時金20万円支援も決まった。これはいいとして，18歳高卒で働いている同世代の40%程度の若者が休業者や雇止めや失業したらどうするのか。同じ世代に属する55%の大学生と同じく一律の支援は行わなくていいのか。

「バイト先がなくなった」学生にとって，バイトすることは「不要不急」の外出になるのかならないのか。それは仕事先への外出ができなくなった働く若者とどう違うのか。同年齢でも，学生か働いている若者かという社会的存在の違いによって「不要不急」の判断基準は異なるから，可及的速やかに厚生労働省やコロナウイルス感染予防に関連する委員会や審議会は両者への判断基準を示してほしい。

ただし，細かすぎると実効性に欠けるから，目的に応じた「不要不急」の外出行為を例示したい。そうすることで，国民の共感も協調も得られやすいのではないか。

長い戦いが予想されるコロナウイルス感染予防と治療に向けて，医学，自然科学，社会科学，人文科学の総力を結集したい。

19. 女心と秋の空

英 Women are as fickle as April weather.

仏 Le cœur de la femme varie aussi facilement que le ciel d'automne.

日英仏語ともに，女心が変わりやすいことを空に託して述べている。日本語では「秋の空」だが，英語では，「女性は4月の空のようにくるくる変わりやすい」。ここにAprilを使うことに注意。

フランス語では「秋の空」(ciel d'automne)が使われ，「女心は秋の空と同じく簡単に変わる」。英語のfickleはchangeableの意味であり，この一語の中にフランス語のvarieとfacilement(簡単に)が凝縮されている。varieはvarier(変わる)の直説法現在三人称単数形である。

「男心と秋の空」もある。日本語と同じく英語でも，男の場合は普通に autumn を使う。“Men are as fickle as autumn weather.”「男心は秋の空と同じく簡単に変わる」。フランス語の場合も同じく「秋の空」であり，“Le cœur de l‘homme change aussi facilement qu’un ciel d’automne.”「男心は秋の空と同じく簡単に変わる」。ただし，変わるには change（changer の直説法現在三人称単数形）が使われ，秋の空は un ciel d’automne になっている。これはどちらでもよいということであろう。なお，エディット・ピアフやジュリエット・グレコの ‘Sous le ciel de Paris’（パリの空の下）を愛する日本人も多い。

男も女もその心は絶えず変わっているのだろう。好みは変わらないが，状況は毎日変化する。それに対応し続けると，大枠は動かないにしても，枝葉は変えざるを得ない。上司の命令であれば，「黒を白と言いくるめる」ことも起きるだろう。たとえ不動の信念があっても，自分の立身出世，健康問題，家族への配慮などが大きくそれを遮る。

それは男にも女にも等しく存在する問題である。このことわざは一般に男女間の恋愛の機微に触れたものだが，敷衍すると人間の一生の問題でもある。だから広げると，せっかく「始めが肝心」と決意して新しい目標達成に努力しても，秋の空のように心が変わり，中途半端に終わってしまう。それでは自分が一番損をする。

か　行

20. 稼ぎに追いつく貧乏なし

英　Poverty is a stranger to industry.

仏　Celui qui gagne sa vie ne sera jamais pauvre.

勤勉に働けば，けっして貧しくはならない。勤勉とは，時間を守り，通常のやり方で懸命に働くことである。日本語では稼ぐほうが大きいので，貧困とは無縁になると表現する。

英語では「貧困は勤勉性とは無縁である」という。またフランス語では，生活費を稼ぐ者(celui qui は男性単数)は決して貧困には陥らないだろうになる。gagne は gagner(得る)の直説法現在三人称単数形。sera は être(である)の直説法単純未来三人称単数形。ne ...jamais で，決して～でない。vie は英語の life だから，人生，生活，生命，一生などの意味がある。日英仏ともにそれぞれ独自の表現を示す。

貧困には絶対的貧困と相対的貧困がある。マルクスが生きた時代では絶対的貧困とは三度の食にも事欠き，慢性的な飢餓の状態に近いことがあった。衣食住医のすべてが満たされていなかったのだ。

しかし今日のように，相対的貧困が大多数になれば，自力でも他者からの支援を受けてでも，人は生きていける。なぜなら，ここでいう相対性とは他者との比較により得られる判断だからである。

貧困が経済面に直結するのは当然だが，それ以外にも本や論文に関してはアイディアの貧困，都市の社会的共通資本の貧困，土壌の貧困としても poverty が使われる。さらに何回か使用してきた社会関係資本を使えば，社会関係や社会活動の貧困としても活用される。

お金から導かれる資本(capital)は，その人が持つ知識，能力，常識，技術などの人間文化資本(human capital)，家族・親族，知人，近隣，同僚，取引相手，親密な他者などの社会関係資本(social capital)，そして，電気ガス水道などのライフライン，道路，港湾，鉄道，公園，学校，病院などの社会的共通資本(social common capital)に分けられて，社会学でも利用されてきた。経済面の貧困に直面しても，日常的関係を維持する配慮と努力がソーシャルキャピタルを豊かにして，そこから生計費に関連する資本(capital)面でも救われることがある。

21. 我田引水

英　Every miller draws water to his own mill.

仏　Chacun fait venir l’eau à son moulin.

日本語では農耕民族の伝統からか，主語がないままに「自分の田に水を引く」と表現する。しかし英語では，「粉屋はだれでも自分の製粉所に水を引く」となる。コメの文化ではなく，小麦や大麦の食料を軸とした文化なので，特に小麦粉製粉とするのであろう。

フランス語では，「それぞれが自分の製粉所に水を引く」。製粉所は moulin＝mill で同じだが，fait venir は

「運んでくる」で faire の使役表現。l'eau は海，川，湖などの水。

『大言海』(:432)では，「己ガ利益トナルヤウニスルコト」とされる。誰でもが物事を自己の利益に合わせたがる。製粉所に限らず自分が一番大事であり，自己中心でもある。日本語では「自らの田んぼに水を引く」ことを表現するが，英仏ともに製粉所に水を引くと表現するのは，米作の日本と小麦の英仏の違いだろう。食物の違いによる文化の相違がここにある。

水は生命の基だから日英仏語すべてに登場するが，利益を露骨に表現したフランスのことわざもある。“Profiter à son avantage de certaines occasions.”「いくつかの機会を自分の利益のために活用する」も同じく「我田引水」を表す。自己利益を求めるのは収入や財産だけではなく，名声でも同じである。

一般論としては，「なに事にせよ，自分に都合のよいようにとりはかることのたとえ」(金子，続評釈:322)としても解釈されてきた。

学問，芸術，スポーツ，政治，経済，社会活動などの分野で得た名声だけでも十分なのに，他分野でも名声を求めようとする人がいる。生き方の問題だとはいえ，なかなかそれは厳しい。

だから，命の水でも欲張ると溺れる。同じ miller を使って先人はそれをたしなめている。英語の “Too much water drowned the miller.”「60　過ぎたるは猶(なお)及ばざるが如し」も真理であり，同じ意味をフランス語では “Trop ne vaut rien.” 直訳すると，「あまり多いと価値がない」と表現する。こちらのことわざも現代人には学ぶところが多くある。

22. 禍福は糾(あざな)える縄の如し

英　Good and ill fortune come together.

仏　Tel qui rit vendredi, dimanche pleurera.

　わざわいが福になったり，その逆もあるのがこの世の常。日英ともに禍福と Good and ill fortune は同じ表現であり，糾(あざな)えるは絡まるように交えあわせることだから，come together でも表現可能。英語では「幸運も悪運も折り合う」とする。

　フランス語では，「金曜日に笑う人は日曜日には泣くだろう」と表現する。rit は rire(笑う)の直説法現在三人称単数形。pleurera は pleurer(泣く)の直説法単純未来。vendredi は金曜日。dimanche は日曜日。

　このことわざは「人間万事塞翁(さいおう)が馬」ともいう。

　世の中を渡る際に，何が幸いになるかは分からない。「人間万事塞翁(さいおう)が馬」の故事でいえば，ある人が飼っていた馬が逃げたが，数ヶ月後その馬が駿馬を連れて帰ってきた。その子が馬に乗り，落馬して足を折ったが，そのおかげで兵役を免れて命が助かった。馬に逃げられた，駿馬をつれて帰ってきた，子どもが骨折した，兵役免除で命拾いをした。まさしく「禍福は糾える縄の如し」だ。

　数学ができなくても歌がうまい。絵は下手でも，短距離走には自信がある。ピッチャーにはなれないが，守備には定評がある。話下手だが，文章には味がある。勉強しないが，人との会話は上手にこなせる。これらもまた，一長一短の事例になるが，数学で0点をとって落ち込んで泣いても，のど自慢で優勝すれば，その人生には笑いも出よう。ヒット曲が10年出なくても，11年目に出れば，一生それで生きていける歌手人生もある。

たとえば私よりも一歳年上の井上陽水は，父親の歯科医院を継ぐために，九州歯科大学を3回受験したが，失敗した。それで親には無断で音楽の道を志して，しばらくの苦労はあったものの，最終的にはビッグヒットのLPなどにより，シンガーソングライターとして大成した。これも文字通りこの「禍福は糾える縄の如し」の象徴であろう。

なお，「59　人事を尽くして天命を待つ」生き方もまた，このことわざを支持するものである。

23. 壁に耳あり

英　Walls have ears.

仏　Les murs ont des oreilles.

> 日英仏語ともに単語と文章が同じであることは珍しい。そのうちの一つである。walls＝les murs で，単なる家の壁というより複数形なので，むしろ街の中の壁と解釈する。
>
> なお，ears＝des oreilles.

秘密は守れない，どこからでも漏れやすい。これはイギリスの歴史家アクトンの言葉として有名な“Power tends to corrupt and absolute power corrupts absolutely.”「絶対的権力は絶対に腐敗する」と並んで「絶対」がふさわしい。

日常生活でも「ここだけの話だが，」という限定があっても，その大半が他人に，とりわけ敵対者(enemies)に必ず漏れる。ましてや政界や財界の秘密事項は高額で取引されたりするから，秘密の保持はなかなか難しい。

ただ不幸なことに，秘密が正しいとは限らない。単なるうわさ話でしかない秘密も多い。その場合は秘密が漏れても，当事者は痛痒を感じない。

さらに「壁に耳あり」を逆手にとって，間違った情報を意図的に流すという人や集団なども存在する。それを信じて報道したり，集会を開いたりすれば，恥ずかしい目にあうことになる。

ネットやスマホの時代では，情報そのものが大容量になっているので，その真偽を見極める力量が重要になる。情報リテラシーを身につけなさいというメッセージとしても，このことわざはもっと真剣に受け止めてよい。

24. 亀の甲より年の劫(功)

英　Years bring wisdom. The older, the wiser.

仏　Expérience passe science.

> 日本語では「年の劫(功)」が「亀の甲」より優れると表現するが，英語では years(長い年月)が主語になり，知恵(wisdom)をもたらす(bring)とする。
>
> フランス語では，たくさんの経験(expérience)が科学や学識(science)を超えるとする。この場合，英語では目的語になった wisdom は experience も包み込むが，フランス語では経験がむしろ主語になるという面白さがある。

『大言海』(:453)では，「年ノ劫ヲ歴テ，経験ヲ積ミタルモノハ，万年ノ亀ヨリモ優ルト云フ意ヲ云フ」とある。

日本語の「亀の甲」は「年の劫(功)」とのごろ合わせ。例外はあるが，年長者の経験は尊びたい。加齢はそれなりの知識と知恵をその人に付けてくれる。劫とはきわめて長い時間のことで，そこにはたくさんの経験も含まれる。

「年の劫(功)」はもちろん正しいが，社会学ではいろいろな場合に老若男女に分けて，その意見やニーズ，価値観などを調べてきた。それらが教えることは，年齢差ないしは世代間の違いのなかで，「年の劫(功)」だけの強調は不十分な場合があるという点である。食の好みでも，音楽の嗜好でも，若い世代と高齢者とでは当然違ってくる。これは少年時代や青年時代の原体験の相違が原因になっているので，どちらが優れているとか正しいというわけにはいかないからだ。

ただし，社会規範や一般常識や礼儀などに関しては，明らかに「年の劫(功)」に軍配が上げられる。若い世代には，経験不足のために一般常識に欠けたり，礼儀を知らない人が多い。すれ違っても挨拶をしない，教室で帽子をかぶったままで講義を聞く，「先生おりますか？」に象徴されるように，尊敬語を使いこなせない。

ゼミの発表会でも勝手に休んだり，準備をしてこない。課題をこなすためにその準備を事前にするという社会規範を守らない。ただし社会人学生や院生では年齢差というよりも心構えの相違があり，きちんと予習する人もしない人もいる。その意味では「年の劫(功)」も相対的な優位性しかない。

25. 枯れ木も山の賑わい

英　Anything is better than nothing.

仏　Mieux vaut quelque chose que rien.

つまらぬものでも何もないよりも何かがあったほうがいい。英語もフランス語も忠実に同じ表現をしている。quelque chose は英語でいえば疑問文や仮定法の anything に，平常文の something に対応する。

mieux vaut は「～のほうがよい」。rien は(ne が省略されて)何もない。

つまらぬものでもないよりはあったほうがいい。金子(評釈: 122)はさらに付け加えて，「多くの場合，自分の参加を謙遜して言う」と述べている。

確かに，視覚面の重要性と有効性は言うまでもない。にぎわい，移動，流動性こそが地方の生産と流通と消費を刺激して，街全体を元気にする。地方創生でも人通りがない限界集落よりも，混雑している大都市のほうにリーダーが生まれやすい。

視覚的に信用できるリーダーを知っていれば，アドバイスを受けた時にも，実行への意欲が高まりやすい。平時でも集会やイベントなどの動員人数に関しては，主催者発表と警察発表では相当な違いがある。たとえば主催者発表は3万5000人だが，警察発表では8000人といった具合だ。

日本史では，木曽義仲の倶利伽羅峠の戦術のうち，見せかけの牛軍団の成功例がある。『源平盛衰記』によれば，1183年5月，角に松明をつけた牛の大軍を突進させる「火牛の計」によって，平氏軍を谷底へ落とし，殲滅したとある。一説によれば，4万余騎の平氏軍のうち無事帰還したのはわずか4, 5騎であったといわれる。兵士が足りないので「火牛」をそれに代えるところが木曽義仲の非凡な才能であろう。それほど多くの雄牛が揃えられるかどうかはさておき，フランス語の別表現である「すべては頭数」“Tout fait nombre.” が当てはまる日本史上の史実ではある。faire nombre は員数を揃える，頭数を増やす。

これはお祭りでも重要なことである。数えるほどしか集まらないお祭りよりも，「枯れ木も山の賑わい」で，踊らなくても，そこに集まる人が多ければ，祭りの効果は確実に上がる。

たとえば文化庁により日本遺産に認定された丹波篠山市の「デカンショ祭り」では，毎年 8 月 15 日・16 日，町家の軒先の提灯に火が灯される頃，篠山城跡に組まれた櫓から，デカンショ節が聞こえてくる。デカンショ祭りは，盆踊りから受け継いだ親しみやすさがあり，踊りの輪に誰でも飛び込める気安さがある。また，地元の高校やデカンショ節保存会では，デカンショバンドやジュニア競演会などに力を入れており，祭りは日頃の練習の成果を発表する場であるとともに，あらゆる世代が楽しみにして参加する「ハレ」の場となっている。

人々は，歌い継ぐことを通じて，民謡の世界そのままにふるさとの文化と伝統的な暮らしを守り伝えてきた。300 番を超えるデカンショ節の歌詞に，今も人々は新たな時代を投影し，新たな丹波篠山を後世に歌い継ぐ取組みを脈々と続けている。丹波篠山の歴史からのメッセージであるデカンショ節を歌うとき，人々は，先人がいかに地域の文化遺産や産物を大切にして，そして誇りにしていたかを知る。

文久元年(1861)建立の能舞台，そこで行われる元朝能，そして城を囲む武家町と商家町など守り残された景観が，その思いを伝えている。また，昭和 56 年(1981)，城下町地区にある明治 24 年

(1891)建築の地方裁判所が，都市計画道路上にあることから壊されようとした時，地域の人々の懸命の努力により，曳家工法で方向転換し建物を残せたことは，何を大切にすべきかを示すエピソードとして語られている。

農村の暮らしの中で，デカンショ節に縁深いものとして丹波杜氏がある。「灘の名酒は　どなたがつくる　おらが自慢の　丹波杜氏♪」は，灘五郷の酒を天下に高く知らしめた丹波杜氏が，地域の人々の誇りとなっていることを示している。

また，作陶の様子がユーモアを交えて歌われている丹波焼は，多くの窯元が半農半陶と言われるスタイルで陶器を作っていたことで，大規模化することなく，のどかな窯業集落の景観と作陶の技を伝えている。

デカンショ節は，こうした暮らしを明るく歌に刻むことで，丹波篠山の人々を鼓舞し応援し続けてきたのであろう。歌う人と踊る人の間に，歌わない人や踊らない人という枯れ木が混じっていても，全体としては「賑わい」が現出する。

デカンショ節には，人々の喜怒哀楽や心意気，希望，誇りとともに，地域の文化遺産や産物が歌に織りなされてきた。歌われるたび，歌の中の風景が，地域の人々の共通の風景となり心を繋いでいく。そして，デカンショ節は，歌の世界そのままに残る多種多様な文化遺産や産物，かけがえのない風景を後世に伝えることの大切さを人々に語りかけている。

26. 彼はもう下り坂だ

英　He has had his day.

仏　Sa popularité décline.

この英語では，had の使い方がポイントになる。日本語の「下り坂」は脚光を浴びる時代が失われていくことを表す。英語ではそれを ‘has had his day’（かつてはよかった時がある）と書く。

フランス語ならば，popularité を使い，「彼の人気は下り坂である」と表現する。

たくさんのことわざにあるように，時代の寵児もいずれ忘れられていく。なぜなら「22　禍福は糾える縄の如し」だからである。「88　人の噂も七十五日」ほどではないにせよ，実感的には3年間を独走することは困難である。

音楽と美術は芸術の代表的分野であるが，個人の創作であるところは同じでも，その表現形式は全く異なる。音楽表現では，作曲家，編曲家，演奏者，歌があれば作詞家と歌手という最大で五組の分担を伴うのに対して，絵画ならば画家一人ですべてを完結できる。ある時代に生きる人間が創作するのだから，音楽でも美術でも作品にはその時代性が刻印され，それがまた作品の個性となる。

小学生の頃から私は美術よりも音楽とりわけ歌謡曲を愛好していたから，ウェーバーの『音楽社会学』を読んで，クラシック音楽を素材に近代化を描いた構図に学び，歌謡曲で都市化（社会変動としての高度成長期）を表現したいと願ってきた。それに合致する歌謡曲は吉田メロディなので，先行する古賀メロディを遺した大川市出身の古賀政男と比較しながら，「誰よりも君を愛す」や「いつでも夢を」などの名曲を送り出した吉田正に惹かれてきた。

社会学を学び，その基本に「観察された事実」の正確な理解があることを知り，具体的には楽譜とCDの両方を使って，メロディとリズムと音階を軸とした分析を行うほうが作曲家論には適していると判断した。これには，従来の歌謡曲本にみられる作詞面だけで歌を解説する動向への批判をこめている。歌詞を国民が朗読したからヒットしたのではなく，歌ったからヒット曲が生まれたと考えるからだ。

さて吉田は，自分の前に聳え立つ大山脈として，暗くて湿り気が多く，前途を悲観するような古賀メロディを乗り越えるべく，吉田「都会派メロディ」を完成した。楽曲面からみると，古賀メロディはヨナ抜き短音階と長音階(ドレミソラという五音しか使わない)とイチニイチニという歩行のリズムからなっていた。

大川市というふるさとを私も共有する古賀メロディの思い出は，文字通り人生の節目ごとに複数の層になって堆積している。大川市が1954年に誕生した際，私は5歳であったから，誕生イベントの記憶はないが，その翌年の9月に古賀が大川市に無償で贈った「大川市歌」と「大川小唄」は，小学校に行く前に確かに覚えていた。

二つには，1964年大川中学3年生で経験した東京オリンピックに結びつく。団塊世代なら誰でもが視聴したビッグイベントであった。レコード各社競作で前年に出された古賀の「東京五輪音頭」に合わせての踊りを体育の授業で練習し，オリンピック直前の秋の運動会で披露した記憶がある。後になって，古賀がこれも無償で作曲したことを知った。また，同時期の古関裕而の「東京オリンピック・マーチ」も圧巻であり，当時の大衆音楽の両巨頭が世界初のアジアでのオリンピックに際して，その音楽を担当したことは天の配剤であった。

1965 年から 67 年まで，白秋の母校でもある柳川の伝習館高等学校への自転車通学で，田口地区の古賀政男の生家前を毎日通った思い出が強く残っている。当時，生家の復元はなされておらず，裏のほうは古賀が暮らしたときのままであった。表には電器屋さんが店を出されていた。すぐ近くには「サーカスの唄」の曲想源となった「蛭児神社」があり，通学の帰り私は時々そこに寄り道していた。

四つ目の思い出は，古賀が逝去した数年後に代々木上原の古賀邸が「記念館」として模様替えをして一般公開されたので，見学に行ったことと結びつく。古賀邸のままの記念館には数回出かけた。二階の廊下の壁に，当時調査などで世話になった柳川市長古賀杉夫氏との記念写真が飾られていた。この写真は古賀杉夫氏の『耐風雪燐人生』(平成 9 年)に採録され，現在は大川市の古賀政男記念館に展示されている。

五つ目は，代々木上原の同じ敷地に新装オープンした古賀政男音楽記念館の地下室のカラオケルームで，初めて「誰か故郷を思わざる」を CD に収録した思い出である。たくさんの古賀メロディからこの歌を選択したのは，その時点で札幌居住が 15 年に及んでいたからである。筑後川と昇開橋それに明治橋と風浪宮は私の故郷イメージの原点にある。それらは自由に飛翔して，青春時代前期に花を添える。

六つ目は，「古賀メロディを歌っている限り日本人はハッピーになれない」，だから「古賀メロディよ消えていけ」という「あとがき」(古賀, 1977:230)に触れ，考え込んだことがあげられる。人生の悲しさと楽しさとは何かを，今でも古賀メロディと吉田メロディで味わう日々である。

一方の吉田メロディは明るくて，カラッとしており，希望が沸いてくる高度成長期にふさわしい音楽であった。楽曲的には，(♯)の巧みな使用による和声短音階と旋律的短音階(ドレミファソラシド八音とファ半音とソ半音も使う)，およびズンズンズンというブルースに特色をもつ。ともにワルツではあるが，古賀の「ゲイシャ・ワルツ」(1952年)と吉田の「再会」(1960年)では，聞いた印象は極めて異質である。

吉田メロディの幅広さは，男性版と女性版の「都会派愛の歌」，「青春歌謡」，「青春リズム歌謡」，「股旅もの」，「時代もの」という六つの支流をもつところにある。これらの音楽面の特徴をまとめ，時代表現手段として歌謡曲を位置づけ，国民栄誉賞に輝く古賀と吉田の伝記も加えた『吉田正』(ミネルヴァ書房，2010)を上梓したことがある。

両者の人生から，着実な仕事の遂行には，息のあったパートナーの存在を発見する。古賀と作詞家西條八十とが不可分なように，吉田の場合は，作詞家佐伯孝夫が存在する。佐伯孝夫が書き分けたジャンルの幅広さと表現の軽妙洒脱さとは，吉田メロディの可能性を広げて，数多くの名曲に結びついた。

追随を許さないプロの詩人の魂が佐伯孝夫の本質にある。箇条書きにまとめると，

1. 高度成長時代を描いた吉田都会派メロディの源泉
2. 詩人の言葉の豊富さ
3. カタカナ言葉と漢字で時代の都会風俗を的確に描写
4. 軽妙洒脱の表現形式
5. 歌舞伎，歴史的事実にも題材を採る

6. 時代ものと股旅ものの模範を作る
7. 色がいくつも浮かんでくる作品世界
8. 対比，連鎖の妙
9. 七五調で日本語リズムを完成
10. 女心と男心の機微を書き分けた

となるであろう。吉田正は佐伯によっていくつものジャンルにかき分けられた歌詞に文字通り的確な音を配置した。そしてこの西條と古賀，佐伯と吉田という二組の作詞作曲コンビのみが，今でも日本歌謡史に燦然と輝いている。

しかし，芸術作品でも時代を疾走する勢いには限りがある。一人ないしは一分野での独走はせいぜい 3 年しかありえない。例外的に吉田メロディは六つの分野に広がりをもっていたので，1953 年「街のサンドイッチマン」から 1972 年「おまえに」までの長期にわたって，日本の高度成長期の歌謡曲世界を席巻した。このような時代を彩った歌謡曲の背景にまで目配りすると，音楽文化創造の奥深さが楽しめるであろう。

金子勇, 2010,『吉田正』ミネルヴァ書房

27. かわいい子には旅をさせよ

英　Spare the rod and spoil the child.
　　If a child is not punished, its character will be spoiled.
仏　Qui aime bien châtie bien.

英語では，「鞭を惜しむならば，子どもがだめになる」と表現する。そこには愛という言葉はない。

日本語とフランス語では用いる単語に類似性がある。かわいい子は親としたら愛しているはずだから，フラン

ス語では aimer になる。châtier は「罰する」で，日本語では危険を伴った「旅をする」になる。訳は「愛すればこその鞭」が定番だ。

『大言海』(:469)では，「艱苦ヲ嘗メシメ，人情ヲ知ラシム」とある。鞭を惜しむと，子どもはダメになる。斎藤(中辞典:1353)では，「可愛い子は棒で育てろ」とやや乱暴に訳している。ほめたり叱ったりの育て方が肝心である。

これは親が子どもを育てる際の基本原則である。育てるとは子どもを社会化させることであり，社会的存在として生きていくために必要なことを教え込む過程である。だから，「子どもを愛するならば，目先の愛情にとらわれずに，子どもに苦労をさせること」(金子，評釈:115)という解説も自然に出てくる。

時折，児童虐待の加害者である親が虐待行為を注意されると，「しつけ」といって言い訳するが，暴力を伴った「しつけ」では無意味になる。なぜなら，暴力と「愛の鞭」は似て非なるものだから。ただ恐ろしいことは，暴力をともなった育児過程を経験すると，それが本人にとっては標準化され，親になったときにそのやり方を次世代相手に持ちこむ場合がある。かくて暴力の連鎖が始まり，次世代以降の子どもが不幸になる。

子どもを社会的存在に育てるのは大変な仕事であるから，社会全体での「子育て共同参画」が社会化過程において十分に発揮できるような政策展開が求められている。

金子勇, 2016,『日本の子育て共同参画社会』ミネルヴァ書房

28. 聞いて極楽，見て地獄

英 The reality falls far short of the reputation.

仏 Il y a un abîme entre entendre et voir.

日本語では極楽と地獄が登場するが，英語では現実(reality)と評判(reputation)の関連が示される。fall short of は「届かない」なので，「現実は評判とはるかにかけ離れている」となる。

フランス語では，「聴くことと見ることの間には断絶が横たわっている」。abîme は断絶。entre は～の間。entendre は聞く，聞こえる。voir は見る。

“A en entendre parler c'est un paradis, mais à voir les chose de près, ce n'est qu'un enfer.”「そこが楽園だと話すのを聞いても，注意深く物事を見れば，それは地獄でしかない」という表現もある。

フランス語での「楽園」(paradis)は日本語の「極楽」に対応しているが，「地獄」(enfer)は両語ともに使われる。なお，‘ne...que A’ で A しかないという慣用表現になる。

なお，abîme を使ったことわざである “L'abîme appelle l'abîme.”「災いは災いを呼ぶ」も有名である。

話に聞くのと実際に見るのでは，全く違うことが多い。俗にいう「仲人口」もこの部類になる。同じ意味として，別のことわざに “Seeing is believing.”「百聞は一見にしかず」がある。見るよりも聞く方に圧倒的に分が悪い。金子(評釈:128)では，「聞いて千金見て一文」を同じような意味の諺として紹介している。実生活でも，「また聞き」の信憑性は保証の限りではないし，うわさには必ず尾ひれがつく。伝聞では当初の内容が自然な形で変更される。

しかし，見るのは自分の目だから，景色や人の動きや本の該当ページの内容が直接に把握できる。相手の表情，景観の色，形状，遠近の違いは一瞬で理解できるが，それを音で表現するには膨大な言葉を必要とする割には，他者には伝わりにくい。

聴いてもらえても，十分な理解に導けるかどうかは分からない。国語でも英語でも辞書編纂者の悩みがそこにある。だから理解を助けるために挿絵などを付ける。事件の速報性ではラジオもテレビも優劣はないが，映像と音声の両方をツールとしたテレビが音声だけのラジオを差し置いて国民的なメディアになった理由は，理解の容易さにある。テレビは見せると聞かせるの情報量が合体しているからである。

しかしマスコミとは異なり，対人接触でのコミュニケーションでは，聞くことも見ることもほぼ互角の勝負になる。とりわけ相手を見るだけでは理解しがたいから，言葉のやり取りを通しての全体確認が優先する。極楽であるか地獄であるかは，聞くこと見ることを総合して判断される。

そのため，態度変容の力はマスメディアによる一方的なコミュニケーションよりも，対面して視覚と聴覚に訴える対人コミュニケーションのほうに軍配が上がる。

29. 今日できることを明日まで延ばすな

英　Never put off till tomorrow what can be done today.

仏　Il ne faut jamais remettre au lendemain ce qu’on peut faire le jour même.

日本語の表現と英語の文章は同じであり，「今日できることを翌日まで延ばすな」という。フランス語でも「その日のうちに出来ることを翌日に延ばすな」になり，日英語と同じような文章になる。 ただし英語の tomorrow は，フランス語では lendemain ではなく demain が対応する。しかし，lendemain に対応する英単語は特になく，following day と表現される。なお，ここでの remettre は英語の postpone(put off) を意味する。

このことわざは，学生，職業人，主婦，受験生，公務員，仕事，学習，病気の治療，健康管理，友人関係，家族関係などすべての人に当てはまる鉄則(an iron rule)である。

大きな仕事をした人はほとんどが時間の管理の名手でもあり，このことわざを実践した人であろう。そうしないと，限られた時間のなかでの競争には勝てない。学生ならば講義やゼミの予習をすること，職業人ならば打ち合わせや会議の準備を前日までに終えること，家事では冷蔵庫内の点検を怠らず，晴れた日の洗濯をこまめにやること，病気の治療過程の者は薬や食事などの回復プログラムを遵守して，毎日のトレーニングを適切に行うことがあげられる。

前日までにし終えるメリットには，寝ているときに夢の中や無意識状態で翌日の課題をもう一度考えることがあげられる。すなわち後半で取り上げる "Second thoughts are best."「79　二度考えるのが最良」を，図らずも実践することになるからでもある。一度しか考えないと，必ず配慮不足になる。その意味でも前日に準備しておくことは重要である。

その際，できない理由を自分なりに拾い上げておきたい。たとえば時間不足か資金の無さか，あるいは協力者や支援者の不都合で，協働ができないからか。これらを仕分けしておくと，次回の参考になる。

30. 木を見て森を見ず

英　Fail to see the wood for the trees.
仏　C’est l’arbre qui cache la forêt.
　　Les arbres cachent la forêt.

日本語(木，森)，英語(tree，wood)，フランス語(arbres，forêt)ともに単語は同じだが，文章には違いがある。日英語では見ない(fail to see)だが，フランス語では隠す(cacher)を使う。

前者は「森を隠すのは木である」(直説法現在三人称単数)。後者の直訳は「木々が森を隠す」(直説法現在三人称複数)となる。なお，英語とフランス語の木と森が逆転した位置にあることに注意しておきたい。

斎藤(中辞典:1688)では，「(樹が邪魔になって森が見えぬとは)綿密に過ぎて大体を解し得ぬ」との名訳がある。

日本の少子化と少子社会への政府による対応こそ，このことわざそのものである。少子化は，1950年代中期に始まり1972年に終わった高度成長期の結果，男女の生き方で新しく主流となった「個人化」，「私化」，「粉末化」などを原動力として進んできた。

それまでの平均的な貧しさから脱却して少し上の生活水準に手が届く時代では，そこに生きるそれぞれの個人は家族全員で支え合わなくてもいいし，また単身でも暮らしていけるために，子どもの必要性を感じない人々が増加した。

また，生活保護に象徴されるような社会保障制度も少しずつ改善されて，社会全体に定着した。それで生活困難に直面しても，家族に頼らずとも，社会保障制度という国民全体の共有財からの支援を受けられるようになり，三世代家族やそれを取り巻く大家族は速やかに縮小した。同時に高度成長期に完成した核家族は，子どもの出生後の社会化に果たす役割を発揮した後では，必要性が小さくなった。

なぜなら，高齢の両親や本人の高齢期の生活支援には，介護保険制度や生活保護その他の社会保障制度が活用され，逆にそれまで持ってきた家族機能が相対的に低下したからである。福祉社会の到来で，従来の三世代同居などを根幹にしてきた日本の家族構造は大きく変貌した。

たとえば，日本社会の変動を先取りする北海道社会では，昭和終わりの 1988 年の核家族比率は全家族類型の中で第 1 位の 64.5%であったが，三世代同居などはすでに 13.7%に低下して，代わりに単身者率が 21.8%にまで増えていた。その後平成時代が終わる 1 年前の 2017 年には核家族が 56.0%と急落して，三世代同居も 6.8%にまで下がった。しかし，単身者率は 37.3%へと急伸して，時代は急速に一人暮らしを基調とする社会構造を生みだすようになった。

ちなみに子どもが少なくなり，家族の規模もまた小さくなったのだが，それぞれに原因が複数ある。少子化には昭和の時代から

2つの原因が指摘されてきた(金子, 2006；2014)。一つは既婚者が子どもを産み控える傾向が続いていることである。既婚者に欲しい子どもの数を尋ねると，3人程度という回答が多いが，実際には先行き不安，現在の所得の低さ，狭い住宅事情，高額の高等教育費用などが，子ども数を1人ないし2人に制限している。日本の婚外子の比率は2％程度なので，かりに100万人の出生数の98％が既婚者のなかで誕生することになる。そのため既婚者の希望が満たされてないことが少子化の主な理由の一つである。

これに対処するために，子育てしやすい環境を昭和の終わりから平成30年間の40年近く，「待機児童を減らす」ことが国家の政策では最優先されてきた。「待機児童」は増えるよりも減る方がもちろん好ましいが，少子化対策の根幹にこの政策が居座り続けてきたことには疑問が残る。なぜなら，未婚率が着実に上昇してきたからである。

既婚者の生み控えと未婚率の上昇が日本の少子化の二大原因であり，これが「森」を形成しているが，この40年間の少子化対策は「既婚者の生み控え」という「木」のみを重視して，待機児童問題やワークライフバランスばかりを強調してきた。その意味で少子社会ではこのことわざを噛みしめた政策づくりが望まれる。

金子勇, 2006,『少子化する高齢社会』日本放送出版協会
金子勇, 2014,『日本の子育て共同参画社会』ミネルヴァ書房

31. 苦あれば楽あり

英　No reward without toil.
　　Pain past is pleasure. Sweet is pleasure after pain.
仏　Pas de plaisir sans peine.

日本語では「苦」が先行して，その後に「楽」が来るという。英語表現はいくつかの種類がある。toil は hard work(激務)。「激務なくして報酬なし」が最初の文章だ。次は「苦痛が過ぎれば楽しい」。三番目は「苦痛のあとの喜びこそ楽しい」。

フランス語でも同じ単語を使い，「苦労がなければ喜びもない」とする。plaisir は pleasure に対応する。また，peine は英語では pain になる。

どんなつらいことにもやがて良いことがある。「22　禍福は糾える縄の如し」と同じようなことわざである。

苦労は学習，職業，家事，子育て，親の介護，親せきづきあい，近隣関係など分野を選ばない。同時多発も珍しくない。それらを主婦一人が抱えることもあれば，家族全員で立ち向かう場合もある。

人生を山登りに例えると，登山道は苦労や苦痛の連続だが，それを乗り越えたときに得られる眺望のすばらしさは格別である。「苦しい時の神頼み」も OK だが，何年もかかって司法試験などの難関の国家試験に合格した時も，このことわざが使われる。ただし，「苦」は共通した部分，辛さや痛みそれにくじける心などが等しく認められるが，「楽」(pleasure，plaisir)は人それぞれだろう。精神的喜びや肉体的快感はもちろん，報酬の多さに喜ぶこともある。あるいは散財する楽しさもある。長年の苦労の成果で利益が出たら，大口寄付行為などで社会貢献する満足もあり，「楽」の内容は様々だ。

作家や作曲家ならば，数年がかりで苦労して創った作品が高い評価を受けて「受賞」し，さらに売上も増えるならば，うれしいはずである。研究者ならば，10年がかりで書き上げた著書により学位を得たり，学会賞を受けるのが，このことわざに当てはまるであろう。

32. 空理空論

英　That's mere theory.

仏　C'est de la théorie.

Discuter sur une théorie inapplicable (fantaisiste).

> 代表例では英仏語ともに theory と théorie が使われており，単語と文章も同じである。二番目のフランス語文章は，もっと正確な inapplicable（応用不能）あるいは fantaisiste（空想的）という意味をもつ形容詞が théorie を修飾する。「応用不能な（空想的な）理論で議論する」と訳す。

『大言海』（:566）では，空理を「実際ノ用ナラヌ理」として，空論は「拠ドコロナキ論」としている。

英語の theory には一連の事実群をもつ合理的な説明を唱える仮説の意味，科学の基底をなす一般原理の意味もあり，ここでいう理屈とは単なる原則以上のものではない。従って，説明可能な事実群がないし，科学的な基盤に支えられる一般原理がないので，空理空論となる。根拠のないお話では学問の世界には受け入れられない。

学問も政治も経済活動も一定のデータに基づく判断で動いている。社会学の歴史から少し実証性を考えておこう。

まず社会学の常識とは，実証的な精神の優位にある。つまり，空論ではないという意味で，観察された事実に依拠して物事を考えていく。コントの社会学デビュー論文には，「過去との結合を絶えず確かめるのと同じように，常識との結合を絶えず確かめる。常識とは民衆の知慧である」(清水, 1978:97)と書かれている。常識とは，フランス語で la raison publique，la raison commune，la notion populaire，la sagesse spontanée などの言葉が当てはまる(同上:96)。

学問としてみると，その言葉の裏には，publique と commune は同じなのか，populaire と publique はイコールで結んでいいのか，という問いかけが欲しくなる。あるいは spontanée と publique や commune は類似かどうかという問題もある。そして la sagesse des nations(民の声，天の声)は，本当に常識といえるのか。語学的にはこのようなことも調べなければならない。

しかしともかく「普遍的良識」(bon sens)としての「常識」というフランス語は，コントの時代から使われていた(コント, 1844＝1980:183)。

コントの論文の中では，以下の6つは横並びになっている。並べてあるだけだから，問題意識にあわせてそれを私たちが判断する。実証性の筆頭には，現実的なるもの(le réel)があげられる。これは，自分で調べて「事実はその通りだ」と判断することで得られる。二番目の原則は「有用性」(l'utile)であり，問題の解明にその調べたデータがどこまで役にたつかで判断する。

この両者を受けての三つ目は，l'organique(有機的な結びつきがあるか)であり，これは変数としての要因間に，因果関係や相関関係という結びつきを表す。

四つ目は，その事例は le certain(確実なもの)であるかどうか。

社会現象として確実に存在するか，そしてその要因には確かなものがあるかを明らかにする。

五つ目は，le précis（正確性）である。たとえば保険金は支払わないが，病気の際に保険を利用するフリーライダーが医療保険制度で増加すれば，制度の崩壊は正しく進む。ただし，それがいつ発生するかは確実には予測できない。マートンの「予言の自己成就」（self-fulfilling prophecy）の場合も同じである。銀行倒産の噂は正確に銀行倒産を促進するが，最終的にそれがいつになるかは誰にも分からない。

このように，le certain（確実なもの）と le précis（正確なもの）は，似て否なるものであるが，基本的には同じこともある。

この議論の中で，六番目に le relatif（相対性）がくる。私が感じる社会学の良さは，absolu（絶対的）な結論を引き出せるほど，社会現象は簡単には組み立てられていないとする前提にある。これを社会学の限界や制約と見なす人もいるが，必ずしもそうとは思われない。なぜなら，社会的事実は人間に外在しており，世の中の動きに非常に影響を受けるからである。

たとえば，北海道小樽市手宮にある古代洞窟の「古代文字」は，考古学の発展によって最近では「古代絵画」と見なされている。学問の進展は社会現象であり，それは個人の外部にありしかも個人を拘束する。したがって，古代文字か古代絵画かは相対的にならざるをえない。もちろん全ての真理が相対性を帯びているわけではない。

社会現象に社会学でアプローチする場合には，le relatif（相対性に富む）を重視しておくのが一番の心がけになる。なぜなら相対性を重視する立場は，反論を認めるからである。つまり，反論にも一部の理があり，それも正しいかもしれないことを前提にしたうえで，自己主張する態度こそが生産的なのである。良質の反論は，自分のパラダイムへ取り入れる可能性を持っているので，自己の実証的な研究枠組みもまた広がる。

Comte, A., 1844, *Discours sur l'esprit positif.*（＝1980 霧生和夫訳「実証精神論」清水幾太郎責任編集『コント　スペンサー』中央公論社：141-233）.
清水幾太郎，1978，『オーギュスト・コント』岩波書店.

33. 腐っても鯛

英 A good horse becomes never a jade.
仏 Les perles, quoique mal enfilées, ne laissent pas d'être précieuses.

日本語では，優れたものは痛んでいてもそれなりの価値があり，魚の王者である鯛が使われてきた。英語では a good horse（立派な馬）と a jade（駄馬）が比べられる。
フランス語では真珠だが，「糸が通せなくても，貴重であり続ける」と表現する。quoique は「～であっても」，mal enfilées は「糸が通せない」，précieuses は「貴重である」。ne laissent pas de は「～し続ける」。

3つの言語では違った単語でこのことわざを表現している。日本語では鯛，英語では良馬と駄馬，フランス語では糸を通していない真珠である。

このうち英語では "An old eagle is better than a young crow."「年老いた鷲のほうが若い烏よりもいい」も使われてきた。またフラ

ンス語でも “Bon sang ne peut mentir.”「血筋は争えない」がある。sang は血液，血筋。mentir は欺く，裏切る。これは長所も短所も親譲りの血筋からとみる。

日常生活でこれが該当するのは何だろうか。長嶋と王がいた時代の巨人は球界の盟主であり，九連覇の実績を持っていた。巨人はある時代の鯛であり，鷲であった。しかし，その両人が引退すると，戦力が大幅に落ちた。同じく，産業界でもリーディングインダストリーがほぼ 10 年刻みで交替してきた。

1950 年代のそれは石炭産業と映画産業であったが，1970 年代にはどちらも斜陽になり，石炭産業は壊滅した。クルマや家電は比較的息が長いが，それでも順調だったのは 1980 年代までであった。20 世紀末から 21 世紀の前半になると，台湾，中国，韓国などの追い上げの結果，家電の多くが競争に敗退して，シャープに象徴されるように台湾資本に経営をゆだねるようになった。

銀行業は護送船団方式が順調で，成長が続いている間は富士銀行や三菱銀行それに住友銀行など有名銀行の黒字経営が定着していた。しかし 1990 年代以降は，国内的には「少子化する高齢社会」が現実化して，企業の国内的環境が縮小した。同時に自由化その他で外国資本が流入してきた国際化の時代になると，合併や連合を繰り返して，数的には淘汰された。今日では東京三菱 UFJ 銀行と三井住友銀行が双璧である。反面，人口減少を反映して，地方銀行や信用金庫の大半の経営が苦しくなってきた。

世界のコンピューター業界は IBM が大巨人であった時代は遠くなり，デルやアップルなど後発企業が席巻している。

こうしてみると，産業界でも球界でも，「腐っても鯛」はあり得ないようである。現在までトップを走っている理由は簡単であり，時代に適応すべくイノベーションを繰り返してきたからである。大企業や強いチームであり続けたければ，「昔の名前」だけでは勝負できない時代である。

34. 口は災いのもと

英　Out of the mouth comes evil. Silence does seldom harm.
仏　La langue est source de bien des maux.
　　La parole est à l'origine de bien des maux.

> 英語では「口の中から悪魔がやってくる」。悪の象徴としてevilが使われている。
>
> フランス語でも同じように「言葉はたくさんの悪の源である」となるが，evilは登場しないで，通常の悪(mauxはmalの複数形)が使われる。bien des＋名詞でたくさんのという意味になる。
>
> なお，langue＝tongue，parole＝speech，sourceもoriginëも源(みなもと)と訳す。

『大言海』(:2241)では，「禍は口より起るトハ，言語ト飲食トヲ慎メト云フ意」とある。

何かを言えば，他者に不快感を与えたり，傷つける。言ってしまってからでは遅い。言葉に注意しようという格言である。

その意味で，このことわざは日常生活の上で大変役に立つ。「言語明瞭，意味不明」も困るが，言葉に棘があると，それを聞いた人は傷つく。英語の "Silence does seldom harm."「沈黙はめったに害を及ぼさない」は正しいが，そうするとコミュニケーション能力(コミュ力)が培われなくなる。これはこれで困る。日英仏語ともに「雄弁は銀，沈黙は金」がある。

英語 “Speech is silver, silence is gold.” とフランス語 “La parole est d’argent et le silence est d’or.” も同じである。

なぜ雄弁が銀なのか。たとえばフランス語でも “Le temps, c’est de l’argent.”「時は金なり」に象徴されるように，もともと「お金＝銀」なのである。『日英ことわざ文化事典』(:289)によれば，2000 年以上前のギリシャ・ローマ時代は雄弁術がきわめて重要であり，当時の銀は金よりも 10 倍も価値があったために，“Speech is silver.” になったらしいとある。

しかし，国際化の時代，沈黙では交渉もできないし，意思の疎通も不十分になる。まずは日本語能力をつけて，日本史を学び，日本文化を少しでも知る努力が肝心であり，その後に外国語での会話や表現が控えている。

35. 鶏口となるも牛後となるなかれ

英　Better be the head of a dog than the tail of a lion.
　　It is better to be first in a village than second in Rome.

仏　Mieux vaut être le premier dans son village que le second à Rome.

日本語では鶏の頭が牛の尻尾よりも良くて，英語では犬の頭がライオンの尻尾よりもいいという表現である。英仏語に共通な文章では，シーザーの言葉として知られる「ローマで二番よりも村で一番がずっといい」となる。

Mieux vaut être で「〜のほうが良い」。mieux は bien の比較級。vaut は valoir(価値がある)の直説法現在三人称単数形。

『大言海』(:621)では,「小ナリトモ,人ノ上ニ立ツベシ,大ナリトモ,人ノ尻ニ属クベカラズノ義」とされる。

“Better be the head of an ass than the tail of a horse.”「ロバの頭が馬の尻尾よりもいい」という英語の表現もある。日本語の「鯛の尾より鰯の頭」も同類である。いずれにしても,大きな組織で二番手の扱いを受けるよりも,小さな組織でトップや首脳になった方がいいという判断を示したことわざである。また,英仏語ともに,ローマで二番よりも村で一番がいいと表現する文章も有名だ。

たとえば,巨人の四番を誰でもが打てるわけではない。そのために巨人で二軍暮しが長くなるよりも,むしろ弱小球団であってもまずはレギュラーになり,そこで四番を打つ方がずっといい。それが人生の喜びになる。このような解釈を許すことわざである。

このことわざには,個人の能力評価が所属する組織の大小によって変わるという現実が,みごとに投影されている。中央官庁では課長だが,都道府県や政令指定都市では部長や局長待遇になる。大臣特別秘書よりも県知事になった方がやりがいを感じる人もあろう。ただし,能力が伴わなければ,どこの組織でも尻尾に甘んじることになる。大臣や社長や教授になっても,実力が伴わなければ,どうにもならないことはいうまでもない。

36. 継続は力なり

英 Continuity is a father of success.

仏 La continuation est le pouvoir.

英語では継続の力には父親(father)を使う。

フランス語では日本語と同じ表現になる。継続(continuation),力(pouvoir)は英語の power に該当する。

目標を達成するにはこの生き方しかない。ともかく継続することに意義がある。なぜなら，“Nothing succeeds like success.”「一事なれば万事なる」ことも多いからである。苦手な英語で単語や熟語を増やして成績を上げる。数学ならば，三角関数や二次関数あたりからゆっくり学習する。日本史と世界史を同時進行で読み進んでいく。そうすると，同じ年代で洋の東西が見えてくる。

学習でも受験勉強でも資格試験でも，長期的展望の下で短期的目標達成を積み上げていく。いきなり 2 年後の目標を定めてそれに向かうのではなく，2〜3ヶ月程度の短期目標を織り交ぜたほうが，2 年後の目標達成が容易になる。なぜなら，短期目標の達成度合いが確実に点検できるからである。私は 1 年間で論文を 3 篇，10 年間で単著を 3 冊というように短期目標と長期目標を交錯させてきた。その結果，一応の目標達成が出来た。

もし短期目標が達成できないのであれば，次の 2〜3ヶ月で修正できる。この繰り返しこそが，成功（success）をもたらす。あるいは力（pouvoir）になる。

それは仕事の面で成績を上げる際にも，スポーツで記録を伸ばす際にも等しく有効である。退職者でいえば，写経を毎朝行う，毎日 1 万歩を実践する，世界文学全集を 3 年かけて読破する，全国に残っている城を訪れて写真撮影するなど，継続したいことはたくさんあるであろう。

37. 下司（げす）のあと知恵

英　It is easy to be wise after the event.

仏　Sagesse après le patron.

日本語の下司は心根の卑しさ，下劣さを表す。そのため事前の知恵が働かない。それで事後的に理屈をいう。

英語では直訳すると，「事が終わった後に賢くなることは簡単である」となる。「下司」にあたる言葉は使わない。

一方フランス語では，「トップが判断した後での賢明さ(上司のあと知恵)」になる。sagesse は賢明さ，patron は上司で，経営者，所有者，トップなども意味しているが，歴史的には聖人も該当する。日本語では下司，フランス語では上司が登場するところが面白い。

コントが言う le réel(現実的なるもの)を le précis(正確に)分析して，その結果を最初に提示することは難しい。反面，それを受けて，賛成や反対を論じることは容易である。

同じく，なんでも事が済んでから悟るのはたやすい。地震，台風，暴風雪の災害などは予防第一ではあるが，予知ができない地震などでは予防も十分行えないから，事後的に被害状況から学ぶことがあるが，なかなかそれを次回に応用できない。「災害は忘れたころにやってくる」(寺田寅彦)からである。

社会現象としての通り魔殺人や児童虐待死などは，事件発覚後に精密な分析がなされるが，それによって次の犯罪が予防されることはない。その成果が国民各層に共有されないし，ましてや通り魔になりそうな人を拘引したり，児童虐待者を事前に隔離することができないからである。

政治家の汚職でも同じで，いったん露呈すれば逮捕されるが，法の網を潜り抜ける「悪知恵」(英仏語ともに ruse)が働き，策を弄してすり抜ける。その歴史を人類は嫌というほど見てきた。

その意味で，「あと知恵」は下司でも上司でも等しくあるように思われる。むしろ人は本能的に自然現象や社会現象から学べるが，その先にその学習成果を正しく使うかどうかで，自らの人生が左右されるようである。

38. 賢者は一を聞いて十を知る

英　A word to the wise (is enough).

仏　Comprendre à demi-mot.

> 日英仏語ともに「ほのめかしただけで理解する」という。日本語では「一」部分から「十」全体が分かるとする。言葉(word, mot)を使うところは英仏ともに同じである。フランス語では，comprendre(理解する)という動詞を使う。à demi-mot は「ほのめかしただけで」。

一般的にいえば，知るためには多くの情報を集め，その中から有益なものを選りだすことこそ重要である。なぜなら，想像力は創造力の根源であり，それにはたくさんの情報が必要になるからである。

しかし「賢者」は別であり，わずかな情報からたちまち全貌を理解できる。斎藤(中辞典:1690)では「賢者には一言にて足れり」。このことわざを使うならば，十の情報を組み合わせて，一つの答えを見つけるのが凡人のやり方である。「ほのめかし」だけで分かるには，日ごろから関連する知識や情報に敏感であることが必要になるが，それだけではもちろん十分ではない。簡単な話に登場する「A word(ある言葉)」を媒介として，各方面に張り巡らしたアンテナに接合する能力が要る。

たとえば，イギリスの歴史的事実を現代日本の社会問題につなげる工夫ができるか。現状の児童虐待の背景に見える失業，貧困，子どもの貧困から家族の変貌が読みとれるか。「ゆとり教育」の弊害で，現在の35歳までの日本語の能力が極端に低下した中で，小学低学年から英会話を教えることがどのような「国際化」に対処するといえるのか。民主主義とはいえ，次の選挙しか念頭にないような議員それも世襲議員が増加した現在，日本社会の未来をどのように設計していくのか。

国民主権は常識だが，現実には選挙の際に投票所に行き，一票を行使する比率が高い高齢者向けの施策が目白押しの状態にある。20代までの若い世代への支援が後回しになってきた理由の一つに，この世代が選挙での意思表示をしないことが指摘される。

このような核心的問題については，「ほのめかしただけで」答えがあるとは思われない。むしろ，「一」を聞くよりもせめて「七」くらいまでの情報を集め，「48　三人寄れば文殊の知恵」精神で，不確実な未来を切り開いていきたい。

39. 郷に入っては郷に従え

英　Do at Rome, as the Romans do.
仏　Il faut se conformer aux coutumes du pays.

それぞれの国，地方，地域では文化，道徳，規範，言葉が違うから，それに合わせたほうが無難だという教訓。移動者や移住者の鉄則として知られる。

英語では「ローマではローマ人がするようにせよ」となり，Rome が一般化されて使われる。フランス語では，「国(地方)の慣習に合わせなければならない」と表現される。

Il faut で「ねばならない」。se conformer は合わせる。coutumes は慣習で，pays は地方または国だが，民族としての国家である nation とは違い，文明や風習に力点が置かれる。

朝の挨拶の仕方に，かつての北海道では「おはようございました」という丁寧語的表現がなされていた。また現在の神戸では「おはようございますー」と語尾の「す」を引っ張る。「た」をつかう北海道の慣習は薄れたが，「す」を引っ張る神戸の慣習は中年以上の男女ともに現在進行形である。

香川県内では正月の雑煮に「あんこ餅」を入れる。日本全国をみても，卵焼きでも塩入り，砂糖入り，だし巻き卵のどれかが優勢な地方がある。慣習には法的な規制力はないものの，移住者や移動者はそこでのやり方としての慣習に合わせておいた方が楽である。

慣習の地方性だけではなく，企業，大学，病院，市役所などの職場の働き方の慣習もそれぞれにおいて特色をもつ。まずは職場の慣習に馴染みたい。物品の買い方，出張申請，休暇の取り方，苦情処理など職場それぞれの伝統で続けられてきた慣習は変え難いからである。大学でも，研究を主体としてその継続的な成果が期待される学内文化もあれば，学生の個人的な世話までも教育の一環とする半面，10 年間論文を書かなくても何も言われないところもある。

なお，Rome が使われた表現で今日でも参考になるものに，

“Fiddle while Rome is burning.”「重大事件があるのに，詰まらぬことに夢中になっている」(斎藤, 中辞典:446)がある。そして，fiddleを使った表現 “There’s many a good tune played on an old fiddle.”「年はとってもいろいろ能力はある」も有名だ。

40. 弘法も筆の誤り

英　Even Homer sometimes nods.
　　The best swimmers are oftenest drowned.
仏　Homère lui-même sommeille quelquefois.
　　Il n’est si bon cheval qui ne bronche.

日本語では弘法であり，英語でHomer，フランス語ではHomèreになる。いずれも大知識人の代表だが，それでも時には失敗することをいう。

それを英仏語ともに居眠りすると表現する。nod=sommeiller(居眠りする)。それ以外にも英語では，上手な泳ぎ手(best swimmers)が一番溺れるともいう。日本語の「猿も木から落ちる」もこの表現になる。

フランス語では猿ではなく，馬を使う。だから落ちるではなくbroncher(つまづく)。従って「どんな名馬でもつまづかない馬はいない」となる。

ここでも斎藤(中辞典:928)の名訳が光る。「大詩人の傑作にも眠き箇処あり(智者も千慮に一失)」。

同系に「河童の川流れ」もある。いずれもその分野の名人や達人でも時には失敗することをいう。金子(続評釈:149)では「その昔，最高の学者としてあがめられた弘法大師空海も，時に筆を誤って誤字を書くこともある」とした。ましてや普通の人では失敗は付きものだ。だから失敗しても構わないというわけではなく，むしろ名人や達人の域に迫る努力こそが肝心になる。

そしてここからがもっと肝要になる。ある特定の分野で名人(master)や達人(expert)になってから，専門分野を拡げるのは重要だが，全く違う分野であたかも名人や達人のような発言を行う人がいる。たとえば，ノーベル化学賞を受賞した世界的権威が世界平和について講演する。ノーベル医学生理学賞を受賞した基礎医学研究者が児童虐待や子育て問題について書く。文化勲章受章者が企業経営者に経営の心構えを講話する。いずれもその道の達人なのだが，無縁な分野では素人であることを忘れた発言により，時にはひんしゅくを買うことがある。

この傾向を増幅するのがマスコミである。権威を嫌い，権力の監視役を自認しながら，時として最も権威を好み，ノーベル賞受賞者を全く違ったテーマで引っ張り出して，発言を尊重することがある。しかし，違う分野ごとにたくさんの専門家がいるのだから，自分の専門分野については堂々と講演しても，専門が違えば単なる趣味程度の座談にとどめた方が好ましい。同じ分野でも日進月歩の時代なのだから，努力を怠るとその道でも取り残されてしまうからである。

41. 虎穴に入らずんば虎子を得ず

英　Nothing ventured, nothing gained.
　　Nothing venture, nothing have.

仏　Qui ne risque rien n'a rien.

日本語では虎が使われ，「虎の子」を得るには大変なリスクを前提とするしかない。英語では「冒険がないなら，得るものもない」と表現する。
フランス語では“Qui ne risque rien”「何もリスクを冒さない人は」，“n'a rien.”「何も手に入れない」となる。a は avoir の直説法現在三人称単数形で，ne(n')～rien は何もない。

勤勉な努力，危険な試み，事前の苦労などがなければ，最終的な成果に乏しい。これは投資と利益，冒険と発見，スポーツでの勝敗，学習と合格などの相関関係の高さに象徴される。
日本語での別表現では，「高いところに登らねば熟柿は食えぬ」ともいう。英語では「冒険をしないなら，何も手に入らない」と表現し，フランス語では，「何もリスクを冒さない人は，何も手に入れない」とする。いずれも危険がないなら，何の成果も得られないとなる。
日常生活でも，学生であれば試験勉強や受験勉強が一番に該当する。特に暗記ものの学習では，頑張っただけの点数が得られやすい。ただし，頑張る時は一人の方がいい。数人での勉強会はともすれば雑談になりやすく，とても「虎穴」にはならないからだ。国家資格試験の勉強も同じだが，こちらは資格を得るかどうかで職場が決まったり，職場の待遇が変わるので，受ける人は真剣になる。
仕事でも営業の成績を上げるためには，戸別訪問を 1 日に 10 軒こなしたり，電話を 30 軒にかけたり，販促材料を集中的に使うというような工夫が要る。スポーツでも事情は同じであり，野球でホームラン王や打撃王や 20 勝投手になるには，連夜の素振りや投げ込みやランニングこそが基礎となる。400勝の金田正一，868本のホームランの王貞治，イチローの日米通算安打数4367本など，球史に輝く名選手はほぼ同じことを言っているし，実行していた。

42. この父にして，この息子あり

英　Like father, like son.
仏　Tel père, tel fils.

Telle mère, telle fille.「この母にしてこの娘あり」もある。《Tel...tel...》は二者間の類似や一致を表現する。「そのまま」と訳す。

日英仏語ともに言葉も文章も同じである。血がつながった親子であれば，容貌や体形は似ることが多い。一般的には娘が父親に，息子は母親に似るという。

しかしこのことわざは，親子の間の生活態度や考え方に類似点が多いことを強調する。子どもは親を選べない。生まれた家族の中では出生の順序も不動なので，子どもにとっては「定位家族」(family of orientation)になる。

そこでは成人するまでの長い間，親の価値観によって社会化(社会的存在として自立するまで)される。幼児期はすべてにわたり白紙なので，親が使う色で染め上げられるのが常である。

宗教観，政治意識，就職先への関心，やってみたい仕事，好きな食べ物，好みのスポーツ，対人関係の持ち方など，子どもが親から学び取ることはたくさんある。全部が同一というわけではないが，これだけの項目からすれば，幼児期の経験によって，いく

つかの分野で親からの強い影響が残るのは当然である。

それは成人後の配偶者選択の際にも表れることがある。ただし，これは新しい「生殖家族」(family of procreation)を作るのだから，好みが親に似ることもあるが，全く違う家族像を描くことも珍しくない。たとえば，子どもは多いほうがいい，引っ越しがない職業を選びたい，アパートやマンション暮らしはしたくない，など。だから類似だけではなく，相違ももちろんある。

類似の like 表現では，有名な “Like master, like man.”「主が主なら従も従，似合い似合い」も覚えておこう(斎藤，中辞典：787)。

43. 転ばぬ先の杖

英　Prevention is better than cure. Look before you leap.
仏　Mieux vaut prévenir que guérir.

「予防は治療に勝る」という英語とフランス語では，同じ言葉が使われている。prévenir は prevention に，guérir は cure に対応する。ただし，英語では名詞だが，フランス語では動詞という違いがある。

Mieux vaut＋不定詞で，～するほうがよい。

何事も予防が一番。日本語では「用心」という言葉を使わずに，「用心しない」ことからくる「転ぶ」を出して，それを「転ばないため」と否定的に用いたうえで，そのためには「杖が必要」だと表現する。

国文学者の金子(続評釈：143)は，「転ばぬ先の杖」の「論理的おかしさ」について的確にまとめている。すなわち，「転ばぬ先」とは「転ぶ」と「転ばぬ」との間に一線を画し，「転ばぬ間のいっさいの期間」を指している，とした。そして同類表現である「濡れぬ先の傘」や「降らぬ先の傘」も同じだとする。

自らが，精神，身体，知識，仕事，友人関係，家族関係など厄介ごとの予防方法を工夫する。英語では別の文章として，「跳ぶ前に見よ」も使われる。

フランス語でも，英語と同じく「用心」(prudence)が主語になり，「治療」と比べるのではなく，それが安全の「母」になるとすることわざもある。“Prudence est mère de sûreté.”「用心は安全の母である」。sûreté は safety（安全）。

個人関係はもちろん，このことわざは社会全体にも国家目標にも等しく活用したい。対症療法ばかりの政策では，大きな問題への取り組みが後回しになり，手遅れになりがちである。介護保険が 2000 年 4 月から導入されたために，高齢化動向と重なる小家族化の勢いが続いても，高齢社会全体では，かろうじて介護社会システムが作動している。

しかし，少子化には「木を見て森を見なかった」つけが回り始めている。1889 年から 2015 年までの 126 年間毎年 100 万人以上の出生数を記録してきた日本では，2016 年から年間 90 万人台の出生数になり，2019 年では 86 万人台に落ち込んだ。すでに「治療」ができにくくなった「少子社会」が登場している。

「30　木を見て森を見ず」が 40 年以上続いた日本における少子化対策では，「予防」はもちろん「用心」にすらなっていなかった。この責任を誰も取らない。

さ　行

44. 先んずれば，人を制す

英　First come, first served.

仏　Premier arrivé, premier servi.

　日英仏語ともに同じ文章と単語が使われている。ただし，英語は「一番に来る」だが，フランス語では「一番に到着する」。「最初にサービスを受ける」のは同じだ。
　日本語の「人を制す」は「人の前にたち，有利になる」。

　レストランや喫茶店に一番乗りすると，それにふさわしいサービスが受けられることがある。午前10時のデパートの入り口には管理職や責任者が並んで先頭の客に挨拶をする。人より先に何かを行えば，有利になる。
　それは学問でもスポーツでも，あらゆる商品製造でもサービス販売でも同じである。学問では特定分野を極めることが目標であるが，そのためには様々な工夫がなされる。有効なのは隣接する学問を学び，両者の好いとこ取りをする方法である。
　たとえば，社会学者が経済学や心理学を学び，自分の社会学理論に取り込む。これは「言うは易く行うは難し」の典型ではあるが，学史に名が残っているパーソンズなど碩学の多くがこの試みをした。
　マルクスやウェーバーはひとつの学問体系からはみ出してしまう。シュンペーターも同じであろう。日本では高田保馬が社会学と経済学と和歌の分野で卓越した業績を残した。いずれも「先んずれば，人を制す」の好例である。

スポーツでは巨人の王貞治の「一本足打法」がその事例になる。だれでもが片足を上げて打てばホームラン王になれるのではない。王選手がそれを一番に取り込んだ。いささか旧聞に属するが，力道山の空手チョップ，日本女子バレーボールの回転レシーブなどはプロスポーツ界でも「先んずれば，人を制す」効果をもった。

エレキギターではベンチャーズのテケテケテケ奏法(トレモロ・グリスダウン奏法)が先駆けとしての大成功を収めた。その後はやれる技術があっても二番煎じになることを恐れて，どのグループもオリジナル作品では使わなかった。

45. 去る者は日々に疎(うと)し

英　Out of sight, out of mind.

仏　Loin des yeux, loin du cœur.

> 英語でもフランス語でも同じような表現である。「視界から遠くなると，心からも遠くなる」。英語では視界(sight)と心(mind)であり，フランス語でも視線(yeux, œil の複数形)と cœur(心)が使われている。ただし，英仏辞典では yeux には eyes が，cœur には heart がそれぞれ対置されている。

視界から消えると，心の中からも消えゆく。これはまさに人生の掟であろう。出会いと別れは世の常である。

出会いもまた相手が自分の視線に入ってきて，視線の先の色が濃くなる。反応が強ければその強い視線は長く続くが，弱ければたちまち薄れてしまう。そして視界から消える。すなわち相手が自分の心に占めている位置がなくなるのである。

このことわざは生きている相手にも亡くなった人にも使われる。生きている相手には，付き合いの中での親しさが消えると，次第に厚情や交情が薄れるときに使う。特に男女関係だけではなく，同性でも「金の切れ目が縁の切れ目」でもあるし，政治や宗教や信条の違いで疎遠になることは珍しくない。“Out of sight, out of mind.” はもちろん使えるが，実際には “Seldom seen, soon forgotten.” に語感は近い。

一方で，死者に使われる際には，月日が経つにつれて，その人を徐々に忘れてしまうことに用いる。それは親兄弟姉妹，親せき，恩師，友人などを問わない。またフランス語の loin（遠くに，離れて）は，空間的な距離にも時間の流れにも等しく使う。空間的であれば，小学校の同級生が引っ越して北海道に住む，アメリカのセントルイスに住むという場合が該当する。

時間的には，過去に遡及して，自分の幼年時代や高校生活を懐かしみ，そこでの出会いと別れを振り返る際に，これは使われる。もちろん三代前の先祖の供養をして，時間をさかのぼる時にもこのことわざは有効である。

なお，斎藤（中辞典：1307）では “The dinner was out of sight（= beyond comparison.）” が紹介されており，「すてきな御馳走」という名訳がある。

46. 三十六計逃げるに如かず

英　Discretion is the better part of valor.

仏　Le plus sage est de décamper.

三十六計はあれこれ計画を練ること。その計画の中に「逃げる」も入る。英語の discretion は「慎重さ」, valor は「勇気」だから直訳すると,「慎重さはより良き勇気の一部である」。

フランス語の sage は賢明な(英語では wise)で, décamper は逃げ去る。だから「逃げ去るのが賢明だ」となる。

『大言海』(:882)では,「三十六計走るを上計とす」として, 以下の説明がなされている。「作戦ノ計画ニ種種アレド, 逃ゲテ, 身ヲ全ウスルヲ, 最上トス, トノ意。臆病者ヲ嘲リテ云ヒ, 又, 卑怯者ノ遁辞トス」と詳述されている。

日本語では,「形勢が不利になったら, 逃げてしまうのが一番良い」という意味で使われる。「君子危うきに近寄らず」とも訳される場合がある。したがって,「不必要な危険は避けた方が賢明だ」ともなる。

山中でクマに出会うと, 立ち向かってもかなわないから逃げる。ナイフや拳銃をもった強盗からも逃げたほうが無難だろう。

英語のことわざの説明として, “It is unwise to take unnecessary risks.” があげられている(*Idiomatic and Syntactic English Dictionary*: 283)。直訳すれば,「不必要な危険に身を投入することは賢明ではない」となる。これが臆病の言い訳としても, 正しい。

なぜなら, 面倒なことにはかかわりたくないのが人情だからである。しかし逃げると卑怯だという批判を覚悟しなくてはならないときも多い。このような事情の中で, 最終的にはその場から身を引くことも重要な戦略になる。ただし, 逃げ去る地点を慎重に定めておかないと，失敗する。

「逃げるのもはかりごとのうち」(外山, 2007: 147)ではあるが，どこにでも逃げれるものではないからだ。そのうえで別の道を選択する。転身もいいし，転進(軍事用語以外の意味で)も可能である。そうすることが，新しい始めとなる。逃げ去ったところで，改めてすでに「17」で学んだ「何事にも始めがある」(“You have to start somewhere.”)を活かせばいい。

なお，sage-femme は助産婦だが，femmesage は貞淑な女性のこと。フランス語でも，単語の配列で意味が変化することにも留意してほしい。

47. 三度目の正直

英　The third time is lucky.

仏　La chance sourit à la troisième fois.

日英仏語ともに三度目を使う。いずれも一度や二度目とは違って，三度目には期待通りの結果になることを言う。

フランス語の sourit は sourire(微笑む)の直説法現在三人称単数形。la troisième fois は三度目。

何を始めても一度目はうまくいかないことが多い。楽器の練習にしても，ボーリングでも同じだろう。自動車学校に通い，クルマが乗れるようになるには 40 日もかかる。

何事にもビギナーズラックはあるが，それはなかなか継続しない。二度目の挑戦で挫けたあたりで，何かのヒントがつかめる。そうすると，三度目にはかなりの高い確率で当初の目標に近づける。

その意味では，三度目とは一度目と二度目を終えた後の回数であり，特に三回ということでもない。挑戦は何度でもいいのだ。後で取りあげる「98　三日坊主」とは全く対照的に「三」が使われているのが面白い。

私の筆記具は，35 歳までは万年筆，その後 12 年がワープロ，50 歳辺りから今日までがワードエクセルのソフトによるパソコンであった。万年筆は中学生から使っていたが，ワープロは 34 歳の時に北大に移ってから購入した。まだ文字が 18 ドットしかなく，ギザギザの程度がひどかったが，その後数年間で見事な印字になった。もちろん，一度や二度の練習では文字が打てない。

文字を書くという人生が前半の 35 年間あったので，しばらくは文字を打つ行為になかなかなじめなかった。

その後 Windows 95 が導入され，一太郎ではなく最初からワードで書くことにした。この試行錯誤もくり返しながら，文字を打つことが仕事の一部なので，割り切って打ち続け，そのたびに印刷して，雑誌論文や著書や編著や共著を積み上げてきた。

使ったノートパソコンは 3 年おきに買い替えて，8 台くらいは廃棄処分にした。この 25 年間の日本パソコンメーカーの盛衰を辿ると，複雑な気持ちになるとともに，それはそれで感慨がある。

48. 三人寄れば文殊の知恵

英　Two heads are better than one. Four eyes see more than two.
仏　Deux avis valent mieux qu’un.

「序」でのべたように，日本語では三人であるが，英語は ‘two heads’，フランス語も ‘deux avis’ であることに気をつけたい。

『大言海』(:891)では，「凡人モ，三人集リテ語ラヘバ，善キ工夫ヲ考ヘ出スト云フナリ」とされた。

総論的な問題意識は「序」で触れた。ここでは「なぜ三人か」を考えておこう。金子は「ひとはたとい凡人であろうと，三人寄って知恵をしぼれば，きっとすぐれた知恵が生まれる」と解釈した。そのうえで独自の分類により，「三人のうちにきっと一人の知恵者がいる」のか，「三人の知恵を集めれば，きっと良い知恵になる」の二種類があるとした(金子，続評釈:151)。

そしてこのうちで後者がこのことわざの意味であろうとした。私も同感であり，三人いても十人いても，「知恵者が一人もいない」ことは珍しくはないからである。“If you are bad at thinking, you might as well go to asleep.”「下手の考え休むに似たり」でも人数の多少は問題にはならない。

「三人」の理由は，「二人」ではまだ「衆」にはならないからである(同上:152)。

だから，「衆」とは最小限「三人」を必要とする。その表現例には，「三人寄れば人中」「三人知れば世界中」「女三人寄れば姦(かしま)しい」などがある。ふたりの会話に三人目が岡目八目の立場で入り込み，弁証法的に止揚されて「文殊の知恵」が生まれ出るという解釈が，金子によって披露されている(同上:152)。

確かに「“三”という数がどこか神秘めいた連想を引きずる」(外山，2007:139)と言えなくもないが，最終的にはよくわからないままである。

49. 静かな川は深い

英　Still waters run deep.
仏　Le vrai mérite est modeste.

> 賢者はむやみにしゃべらない。いつもは黙して語らず。その沈黙の下に，感情面，知識面，技術面の力量が隠されている。英語では「音なし川は水深し」。フランス語では mérite(能力)が modeste(慎み深い)になるので，訳としては「本物の能力は慎み深いものである」となる。

日本語の「能ある鷹は爪隠す」にも，英語とフランス語の表現が対応する。どの国でもいざというときに実力を発揮するのは日頃は沈黙している人である。

金子(続評釈:227)では，「ほんとうの力のある者ほど，ふだんそのことを人に示さないでいる」と解説している。

コミュニケーションは重要だが，単なるおしゃべりを意味しないのは当然だ。相手の気持ちや立場に応じて，話題を変えて，表現をそれに合わせる。日常のランチの席での会話と学会発表での質疑応答では，コミュニケーションの仕方も内容も一変する。

それが分からないと，いつも同じ調子でおしゃべりするだけの存在になり，軽くあしらわれる。それは最後には見くびられることにつながる。

話しても黙っていてもいいが，重要なことは何か秘めたる能力，知識，技術を鍛錬しているかどうかにある。ひそかに筋トレを続けていれば，災害時の避難や救助にその鍛えた筋肉が大いに役に立つ。たとえば高台まで一気に駆け上がり，命拾いをする。

あるいは，少しずつ外国語を学び続けて，機会を得たらその語学力を活かして，新しいポストを得る。また，いわゆる閑職に回された時に，挫けずに時節の到来を待つ中で，学問を深めることもこのことわざに含まれる。その結果として，出版物が各種の賞に輝けば慎み深さも本物だ。

もう亡くなられたが，かつて東大医科学研究所の教授をされた方が，定年後に由良三郎というペンネームで，医療界や医学ものの推理小説を発表されて，好評だったことがある。私もファンの一人であった。犯罪の陰に医療界の内幕や健康や病気の知識がさりげなく挿入されていて，読後は充実した気持ちが味わえた。このような「爪隠していた能ある鷹」も素晴らしい。

由良三郎, 1986,『象牙の塔の殺意』新潮社
由良三郎, 1994,『ミステリーを科学したら』文藝春秋

50. 死人に口なし

英　Dead men tell no tales.
仏　Les morts se taisent.
　　Qui meurt, ne peut parler.

日本語も英語も「死人は何も話さない」。フランス語では「死人は黙っている」になる。se taisent は se taire(黙る)の直説法現在三人称複数形。もう一つは,「死人は決して話せない」。meurt は mourir(死ぬ)の直説法現在三人称単数形。

死者はもちろん話さないが，ここでの意図はそれだけをいいたいのではない。死者に罪や責任や原因を押し付けて，自分の責任などを果たさないことを例えたものである。裁判や紛争の際にも，

死人は何ら証人になれない。もちろん自分で釈明することもできないから，無実の罪を負わされることもある。死人に罪を押し付けた側からすれば，これほど安全なことはない。しかし，押し付けられた死人やその遺族にとっては理不尽極まりないだろう。

このことわざは，明治後期から使われていたという記載もある(『図説ことわざ事典』:320)。その逆が「人の口に戸は立てられない」“Stone-dead hath no fellow.”である。hath は have の直接法三人称単数現在形だから，‘has’のこと。直訳すると，「完全に死んだ者は全く仲間がいない」だが，裏返せば「死んでいなければ仲間がいる」になり，「生きている者同士では秘密が保てない」となる。知らないところで他人がする噂や悪口や伝聞を止めるわけにはいかない。

ただし，聞こえてこなければ，多くの場合噂や伝聞が100%好意的ということはないから，それらに気苦労することは避けて，無視するに限る。

「口の中を家の中に例え，中での話が外へ聞こえないように，戸を立てて封じ込める」という発想に「何とも奇抜な着想だ」(同上:572)と評価する向きもある。

51. 釈迦に説法

英　Teach your grandmother to suck eggs.

仏　C’est faire la morale à un saint.
　　Il ne faut pas parler latin devant les cordeliers.

「孔子に論語」ともいう。日本語では釈迦や孔子が出てくるが，英語では単なるおばあさん(grandmother)であり，フランス語では聖人(saint)となる妙味に注意。

また宗教関係者も使われる。faire la morale は，説教する。cordeliers コルドリエ(フランシスコ会修道士の総称)の前でラテン語を話す。すなわち，ラテン語使用が当たり前の修道士の前でわざわざラテン語を話す愚かさを言う。

宗教関連では次もある。“Prêcher un converti.”(転向者を説得する)。これも徒労に終わることが多い。

およそ一芸に秀でた専門家は長い間の研鑽を基盤とするのだから，一夜漬けの素人が教えることなどはありえない。長時間と高度の能力が合体した専門家はそれだけで貴重な存在なので，ノーベル賞の栄誉を受けたり，文化勲章をもらったり，人間国宝に認定される。

元来，英語の説教する(preach)は宗教的ないしは道徳的な内容を不特定多数の前で話す(“say before an audience”)ことである。しかし，聞く側の多くがすでに特定の宗教的態度や道徳的判断を持っていれば，話者の一方的な意見だけで考え方や態度が変わることは稀である。まして，その道を究めた専門家に素人が意見しても何も変わらない。

むしろ素人は，道を究めた人の伝記から自分に役に立つところをしっかりと学び，時間をかけて努力するしかない。違った職業に従事していれば，別の分野に長時間を割くことは難しい。“Grasp all, lose all.”「二兎を追う者は一兎をも得ず」は真理であるから，若いうちから「一兎」を探すことである。ただし，すぐには見つからない。試行錯誤は当然だが，できれば 30 歳までにライフワークとしての方向性だけでも見つけたい。

なお，この英文を斎藤(中辞典:559)は，「欲張る鷹は爪が抜ける」と訳した。

52. 習慣は第二の天性である

英　Habit is a second nature.

仏　L'habitude (La coutume) est une seconde nature.

日英仏語ともに単語も構文も同一である。habit でも custom でもよい。フランス語でも l'habitude と la coutume は互換的である。両者ともに慣習と習慣を意味する。第二の天性とは，生まれつきの性質と変わらないほど，日常に影響することを表す。

習慣とは個人が長年にわたり身に着けた自然の動作をいう。選択も決定もきちんとした意思決定の結果ではなく，自らが獲得した生活様式のなかから生まれる。

個人の一日を考えてみるだけでそれがよく分かる。起床してからの洗顔，着替え，朝食メニュー，朝食の時間，テーブルで座る位置，自宅を出る時間，通勤通学の交通手段，利用する駅やバス停，到着したあとの学校や会社までの歩行ルート，歩行時間など，すべてが習慣である。生活の大半が習慣の連続で構成されている。

さらに電話のかけ方や受け方，使用するパソコン，パソコンの打ち方，使用するドットの大きさ，文字書式，メールの書き方，メール送信のソフト，印刷の仕方など，仕事に関してもほとんどが習慣であり，昨日も今日も明日も同じである。

停電などでパソコンの不具合が生じると，いつもの習慣が壊れて，心が落ちかない。クルマの定期点検のため整備工場に出して，代車が来ても，乗りにくい。レンタカーでも自分が日常的に使用する車種を使う。

財布の中の現金も同じ額であり，一日の歩数も 8000 歩というように決まっている。昼食の場所も価格も毎日変わらないことが多い。食べるのはメニューのうちの数点から選ぶ。飲む薬は決まっているし，毎月医師の診断を受ける週も，たとえば第 2 週の水曜の 5 時以降というようにしている。

その他，ギャンブル依存症もタバコやアルコールへの依存症も習慣であるから，その治療も習慣の力を逆用する方法を用いる。

デュヒッグ(2019:10)によれば，毎日の人の行動のじつに 40% 以上が習慣であるといわれるが，私の実感では日常生活の 60% の行動が習慣のようだ。

デュヒッグ・渡会圭子訳『習慣の力』(早川書房, 2019 年)

53. 十人十色

英　Everyone to his taste. Many man, many mind.
There is no accounting for tastes.

仏　Chacun ses goûts. Chacun a son goût.
Tous les goûts sont dans la nature.

誰でも好みと個性がある。いずれも善悪の判断はできない。英語では日本語の十人が誰でも(everyone)になる。それぞれに好みがあり，好みの理由も説明できない。

フランス語では複数形も単数形もあるようだ。「世の中にはあらゆる好みの人がいる」。goût は好みだが，味，味覚，食欲，センス，美的感覚などを包括する。だから十人十色でしかない。dans la nature は「世の中には」。sont は être(英語の be 動詞に該当，直説法現在三人称複数形)。

『大言海』(:985)では，「十人寄レバ，気ハ，十心ナルコト」とある。人の好み，思想，性格，趣味，得意などが十人十色なのは当然だが，それでも性別や世代別それに階層や居住地域ごとの違いは存在する。食べ物でいえば，和食と洋食の違いは世代間では鮮明である。音楽の好みも世代間の差違がある。それは青春時代のヒット曲の種類の差でもある。

服装の配色ではジェンダーの違いが認められる。これは，育てられた家庭の影響が大きい。男の子には青や黒やグレイのセーターや上着が与えられ，女の子が着るものは赤やピンクや黄色になる。ホワイトは男女一緒に使われてきた。

趣味でいえば，野球，サッカー，ラグビー，バスケットボールなどは男性に多く好まれやすい。一方，手芸，料理，日本舞踊，ジャズダンスなどは女性の人気が高い。男女ともに好まれるのは，陸上競技と水泳はもちろんだが，バレーボール，テニス，卓球などはここに含まれる。

階層的な好みの差は，ヴェブレンのいう「誇示的消費」(conspicuous consumption，身分や財力を見せびらかすような消費)の有無で判断できる。軽四のクルマでも一般道路はもちろん高速道路の走行にも全く支障はないが，価格的には 5〜10 倍も高いベンツや国産の高級車もよく売れる。「見せびらかし効果」が高級車にはあるからであろう。

実証的な社会学では，性別や世代別，階層別などの違いに留意することになる。

54. 朱に交われば，赤くなる

英　You can't touch pitch, without being defiled.
仏　Qui prend un bain de safran, sa robe devient jaune.

日本語では朱だが，英語では pitch（コールタールで黒）になり，フランス語では黄色になる。un bain de safran はサフラン溶液。prend は prendre（浴びる）の直説法現在三人称単数形。robe は衣服，ドレス，ワンピース。jaune は黄色。非人称 devenir＋形容詞で，～になる。

日本語では交わる物質が明記されていないが，英語ではピッチ（コールタール）であり，フランス語ではサフランと服というように具体的である。同質の中に異質が混ざると，その影響が大きくなり，ついには全体に及ぶ。全体の同質性が壊れて，異質性が目立つようになることを三色でそれぞれの言語が表現している。

英語を直訳すると，「汚れずにタールには触れられない」だが，タールはコールタールに象徴されるように，黒色である。フランス語では「サフランの水を浴びると，服が黄色になる」。

3 か国語を比較すると，色の違いも赤，黒，黄色と違うし，使う単語も全く異なる。それでいて，言っているところは皆同じことである。これこそ比較文化の面白さであろう。

人間は交わる友や集団によって善悪何れにも感化される。だから付き合う相手をしっかり選ぼうということわざである。しかし，これらの文章を注意深く読むと，悪の危険性を教えようとしているように受け取れる。本来は朱くはないが，朱に交わったために，色が変わる。タールに触れないなら黒くはならないが，触れてしまい変色した。サフラン液を浴びたために，ワンピースが黄色くなった。だから気を付けようと解釈できる。

反対の諺が「類は友を呼ぶ」，“Birds of a feather flock together.” “Qui se ressemble s’assemble.” である。同じような感性や価値観を持つ似た者同士は自然と集まるものである。ただし，志が低い同士もあれば，高い集まりの場合もある。自分が望まない集合ができるのならば，速やかに自らが変貌するしかない。あるいは別のところで探すしかない。

なぜなら，そこには自分の成長に役に立ち，あれこれと支援してくれる社会関係資本になり得るような人との出会いがあるかもしれないからである。

55. 正直者はバカを見る

英　The honester a man, the worse luck.
　　The worse luck now, the better another time.

仏　L’honnêteté n’est pas récompensée.

> 日本語も英語もフランス語も似たような単語と文章である。最初の英語の the more, the more... は，すればますますという表現である。次の英語も同じく the more, the more... の形である。
>
> フランス語では，報いる(récompenser)を否定することで同じ意味を表現する。

どの国でも正直であることは難しいからか，英語では honest の前後に逆の意味の修飾語が付くことが多い。Be foolishly honest (バカ正直な)，painfully honest (バカ正直な)，perversely honest (よこしまな正直さ)などがある。今は運がないが，いずれは運が向いてくることへの期待か。

馬鹿という単語を使わずに，正直(英語では honest，フランス語では l'honnêteté)が使用される。ただし，英語では honest(正直度合い)が比較級として運が悪くなる(worse)というが，フランス語では「正直者は報いられない」とする。

実感としても「正直者はバカを見る」のは本当だと思える。金子(評釈:198)では，「正直も馬鹿のうち，正直は阿呆(あほう)の異名」を紹介している。

2 月の確定申告でも 5 万円未満までの収入であれば，申告しなくても税務署は何とも言わない。しかし，申告しないと，その年の 8 月にいきなり電話があり，すべてを申告していただきますよと言われたことがある。あわてて税務署に領収書などの必要書類を持っていくと，2 月 3 月の確定申告期間と同じように，そのまま受け付けてくれた。

豪雪の中，赤信号を待つと辛いので車が走っていなければ信号無視をする。正直に青信号になるまで待っていると，頭に雪は積もるし，身体が凍えてくる。ましてそのために風邪でも引いたら，「正直者はバカを見る」になってしまう。

2020 年の政界でも正直者は絶滅寸前のようである。一連の「もりかけ問題」にしろ「桜を見る会」にせよ，どこにも正直者はいないようだ。

56. 小人閑居して不善をなす

英　Doing nothing is doing ill.

仏　L'oisiveté est la mère de tous les vices.

日本語では小人(つまらない人間)が，英語では“doing nothing”(何もしない)が，フランス語ではL'oisiveté(無為)がそれぞれ主語になる。ここにLa paresse(怠惰)が入ることもある。日本文の述語は「不善をなす」だが，英語では「悪いことをする」と表現して，フランス語では「無為はあらゆる悪徳の母である」になる。

『大言海』(:1023)では，「小人ハ，閑暇アレバ，不善ノ事ヲ行フトノ意」とされた。不善をなすから小人(つまらない人間)ともいえる。不善というよりも悪事である。英語がill，フランス語がviceを使うところからも，悪事といったほうがいい。

では閑居とは何か。これには「世俗を逃れた静かな暮らし方」という意味もあるが，ことわざではそうではなく，「何もしなくてぶらぶらすること」の方である。何もしないと，安逸に流れ，それは犯罪に近づくことになる。働いて稼ぐよりも，他人の物を盗んだり，だましたり，奪ったりして，金品を得ようとする。英語では“The devil makes (finds) work for idle hands.”(悪魔は無為の手に仕事を与える)という文章もある。

学生でも勉学を放棄すると，遊ぶかバイトをするか，朝からぶらぶらするかくらいしか選択肢がない。遊んでもぶらぶらしても小遣い銭がいるので，結局はバイト優先になる。そうすると，勤務先のシフトに入るので，授業時間割の制約が煩わしくなり，必修科目の演習でも講義にも欠席するようになる。負のスパイラルが始まり，時々出席しても内容が分からないので，休みが続く。当然ながら，試験には合格できずに必修科目を落として，留年してしまう。親にとっては「不善」の極みだろう。

このような小人が日本の大学に目立つようになってきた。それはいわゆる「Fランク」だけではないようだ。もう少し上の大学でも，少子化による競争低下が働いて，入学試験も就活でも以前のような困難さはない。競争がイノベーションを引き起こし，それが新しいバネとなって，社会システムが変貌するという図式が21世紀日本では壊れてしまった。

無為も怠惰も一人の人間には必ず同居している。それが前面に出ないような生き方にはそれぞれの年代にふさわしい役割の遂行しかない。学生ならば学業，就業者であれば正規雇用，退職高齢者であれば自由な地域参加や趣味娯楽などを行うことに尽きる。これにはジェンダーの違いなどはない。

57. 知らぬが仏

英　Ignorance is bliss.

仏　Qui ne sait rien, de rien ne doute.

知らないことが幸せ(perfect happiness)なことも多い。英語でも「無知は最上の喜びである」とする。bliss は very great joy(非常に大きな喜び)である。フランス語では喜びではなく「何も知らないと，何の疑いもない」となる。

日英仏語ともに，「知らぬ，ignorance，ne sait rien」が使われるが，それらを受けて，日本語では「仏」，英語では「最上の喜び」，フランス語では「何も疑わない」と述語が異なっている。

政界疑惑でも，耐震偽造や食品毒物混入それに二酸化炭素地球温暖化問題など，国民がその本質を知らなければ，天下太平である。だから「幸せ」であり，国民の間から疑いも生まれない。

国民に知らせないような手段もいくつかある。一番簡単な方法は，何か聞かれた際には，「記憶にない」，「忘れた」，「資料をシュレッダー処分した」，「秘書が勝手にやった」などの常套文句である。これらはこの数十年間政界はじめ各所で乱発されたから，誰でもが食傷気味である。そのため，使えばかえって疑惑が深まり，水面下で拡散するという影響がある。

最近は国民にもっと「知らせない」ために，できるだけ巧妙にスポーツイベントが利用され，テレビがそのお先棒を担ぐ。野球やマラソンそれにサッカーや相撲は従来からも国民に人気があったから，視聴率も高い。しかしそれらは春夏秋冬毎日行われるわけではない。

そのため，その間隙を縫うように，夏の前から，順不同でいえば，水泳，世界陸上，甲子園夏の高校野球，バレーボールのワールドカップが行われてきた。それにこの数年は，ラグビー，バスケットボール，バドミントン大会，大学間駅伝，社会人駅伝，国民体育大会(国体)，柔道などが加わって，さながらテレビはスポーツ新聞に準じたスポーツテレビと化している。

朝からの一日かけたゴルフ中継など，関心がない人には何の意味もない。賞金稼ぎ額のランキングに至っては，放送する価値すらない。新聞購読がこの一年で 220 万部も減少したという。(https://gendai. ismedia. jp/articles/-/59530，閲覧 2019 年 12 月 5 日)。

この傾向は不可逆的であるが，半分が広告頁のうえに，イデオロギー過剰な記事などを読まされたくない国民の判断であろう。

そして次にこれはテレビ界にも波及する。以前からも視聴率の調査方法の不自然さがいわれていたし，15 秒間のスポット広告が 30 万円もする割には，広告の効果がないとも指摘されてきた。これらに正しく対応しないまま，小学生レベルのクイズ番組，過去の番組の繰り返しなどでお茶を濁してきたテレビ業界は，逆風の時代に突入した。

このような雑事を知ったところで何の価値もない。その意味で，「煩悩をひき起こす外界の事象から遮断されるに限る」(金子，評釈:200)は全く正しいだろう。

58. 針小棒大

英　Make a mountain out of a mole-hill.

仏　Faire d'une mouche un éléphant.

いずれも「誇張してものを言う」ことわざ表現である。日本語では針を棒にし，英語では「モグラ塚から山を作る」し，フランス語では「一匹のハエを象にする」と表現する。a mole-hill はモグラ塚，une mouche はハエ，un éléphant は象である。

『大言海』(:1072)では，「針ホドノ物事ヲ，棒ホドニ云ヒナスコト。物事ヲ，仰山ニ披露スルコト」とされた。

フランス語では「誇張していう」(parler avec exagération)という平凡な表記もある。いずれにしても，些細なことを大げさに言う。

現実には針は棒にはなりえない。モグラ塚も山にはならない。ハエが象に変わることは全くない。その意味で，すべてあり得ない話なのだが，老若男女の誰でもが出来事を大げさに表現するという性格がある。有名な「白髪三千丈」などはその典型であろう。長年の憂いにより，白髪が長く伸びることを誇張したたとえである。実際に自分の身体，家族，対人関係，仕事，財産管理，親の介護など心配事が続くと，白髪は増える。

これは人間の髪の毛であるが，自然界にもたとえば「黄塵万丈」などがある。これは黄砂(黄色い土ぼこり)が風に乗って空高く立ち上がるさまを描いたものである。黄砂の飛来は今始まったものではない。それは季節風に関係するが，「白髪三千丈」とは違って，年間に数日は日本にも影響を及ぼすという意味で，あながち誇張とばかりは言えない。

長生き期間での「鶴は千年，亀は万年」も誇張の極みか。その他「酒は百薬の長」，「九牛の一毛」などの数字も明らかに誇張だ。

論文での針小棒大は禁物である。仮説検定に際しては，針程度のデータならばその限界をわきまえておくことが肝要だろう。針のデータでも結論に至る道があろうが，棒のような大きなまとめをしないほうがいい。棒のデータならば，それは別の機会の研究で使いたい。

59. 人事を尽くして天命を待つ

英　Do your best, and let God do the rest.

仏　L’homme propose et Dieu dispose.

可能な限り努力したら，あとは運命にまかせる。むしろどこまでベストを尽くせるか。英語では「ベストを尽くせ，残りは神にまかせよう」となる。英語ではあなただが，フランス語では人(l’homme)が主語になり，propose(事を図り)，神が dispose(意のままにする)

と表現する。

英仏語ともに「天命」のところには神(God, Dieu)が来る。日本語では主語がなく，動詞だけの「人事を尽くす」だが，3ヶ国語とも要するに「物事は計画通りに運ぶとは限らない」という意味をもつ。

入学試験直前の心境がこの表現に集約される。一年間しっかり受験勉強をしてきた受験生にとって，あとは天命か神頼みだろう。福岡県で生まれ育った私も高校受験，大学受験，大学院受験のたびに，太宰府天満宮にお参りに行った。文字通り苦しい時の神頼みである。合格したら，その都度お礼参りもしてきた。

入試だけではなく，国家試験受験，スポーツ大会でも音楽会でも事情は変わらない。どこまで本気で準備したか，練習したか，長年練習した成果が当日に十分発揮できるかどうかも神のみが知る。

また仕事をしていれば，「人事を尽くす」業務は珍しくない。その成否が神の手に委ねられているとは思いたくはないが，社長の意向，銀行の判断，業務に関連する行政当局の方針転換，自然災害，貿易ならば相手国の事情による取り消しなど，ここにも神がいる。ただこれにはどうにも太刀打ちできない。

しかしたとえ神がいなくても，隣人や同僚それに友人などがその代わりをしてくれることは多い。その人々の援助で，「天命」に近い成果が得られることも珍しくない。就職でも本人の努力は当然だが，裏で動いて本採用に導いてくれる有徳の士も内外にいる。だからこそ日常的な付き合いでも「人事を尽くす」ようにしておきたい。

60. 過ぎたるは猶(なお)及ばざるが如し

英　Too much water drowned the miller.

仏　Trop ne vaut rien.

英語を直訳すると,「多すぎる水が粉屋を溺れさせる」となる。フランス語では具体的な水や粉屋は登場せずに,trop(多すぎる)ことに価値がないとする。vaut は valoir(価値がある)の直説法現在三人称単数形。ne rien valoir で「何の価値もない」。

多すぎることは足りないのと同様で,よくない。度が過ぎたり,多すぎるとむしろ害になる。日英仏語の一般的表現では「過ぎたるは猶及ばざるが如し」との訳が付けられるが,細かくはそれぞれの言語で使う単語が違う。

日本語では「過ぎたる」と「及ばざる」の動詞が用いられて,分かりやすくなっている。英語では具体的な事例として,粉屋が登場するが,水は欠かせないものの,多すぎると粉屋が溺れるとする。フランス語では一般化されて,「多すぎると何の価値もない」と表現する。

では何がいいのか。それは多すぎず,少なすぎずの状態であり,すなわち中庸(英語で moderation,フランス語では modération)の世界である。限界をわきまえていて,大きすぎでもなく,両極端に走るわけでもない。'freedom from excess' なのである。人間の能力も社会の質も中庸であれば,人にも社会にもまずは適切であろう。

英仏語ともに,穏和な,ほどよい,節度あるという訳も可能であるが,これはラテン語の *moderārī*(keep within bounds,度を超えない)を語源にするためである。

「度を超えない」ということわざを高齢社会に即して考えると，食べ物の事例が浮かんでくる。それは何を食べても飲んでも「腹八分」(moderation)で終わることの重要性である(金子勇，2014:293-294)。

その他には，たとえば運動不足の解消のために，激しい運動をするのは逆効果であることにも注意しておきたい。仕事もぼちぼち，人との付き合いも適度にする，趣味の世界もほどほどに，がいいのであろう。年金暮らしを前提にすれば，自然に中庸な生き方ができるのかどうか，今後の超高齢社会での高齢者の生き方を注視しておきたい。

61. 精神一到何事か成らざらん

英 Where there is a will, there is a way.

仏 Vouloir, c'est pouvoir.

> 英語では「意志があるところでは，必ず道がある」と表現する。'will' と 'way' は名詞であり，それぞれに対応する。
>
> 一方，フランス語では「意欲があれば，何でもできる」として，動詞を使う。vouloir は，〜しようと望む。pouvoir は，〜できる。「為せば成る」との訳もある。

「16　思う念力岩をも通す」とほぼ同じことわざである。気持ちの集中度が高いほど成功しやすい。日本語と英語ではしっかりした意志の強さが表現される。

「精神一到」とは精神の一極集中である。英語の場合は 'a will'

になる。'a' が持つ強いメッセージが読み取れる。フランス語では，vouloir がそのまま使われる。

このように「強い意志があれば，何ごともうまくいく」と表現するのは，人間の意志がもともと弱いからであろう。それは状況次第で簡単に変化する。まずは体調次第で強気にも弱気にもなる。体調が悪いと，論理的思考が煩わしくなり，自分に対しても説得できない。それでせっかく何かをはじめても，途中で放棄してしまう。

体調が良くても，日常の積み重ねを怠ると，その目標追求が面倒になる。論文は書き続けてこそ価値がある。なぜなら，満を持して苦節 15 年で，1 篇の論文など書けないからである。14 年書かないと，書き方も忘れ，引用しようにも文献の研究が疎かになっているから，論文の体裁が整わない。

自転車や水泳は長年やらずとも，身体が基本的なところを覚えているから，すぐに乗れるし，泳げる。しかし，楽器の場合はそうではない。毎日練習してこそ現状維持が可能であり，数日休めば，初歩に転落してしまう。したがって，目標設定の意志の力は大事だが，目標達成まで努力を続ける意志が重ならないと，"there is a way" というよりも「道」そのものが消失する。

いわゆる「一芸に秀でる」('excel in one art' や 'exceller dans un art')も，長期にわたり「精神一到した」成果である。

62. 背に腹は代えられない

英　Necessity has no law.

仏　La faim fait sortir [chasse] le loup du bois.

英語では，緊急事態であれば，通常の法や規則などは破ってもいい。

faim は飢え，空腹。loup は狼。bois は森。だから「飢えはオオカミを森から追い出す」となる。faire sortir で「外に出す」。あるいは chasser(追い出す)。fait も chasse も直説法現在三人称単数形。

緊急時の優先順位を教えることわざである。その人や社会にとって重要で大切なことを行う際には，それ以外の損害や副作用は顧みる余裕がない。これは精神や身体の病気の場合でも同じである。多少の副作用が予想されていても，たとえば喘息発作の症状を抑え込まないと，命そのものが奪われるのであれば，便秘，高血圧，高血糖値などが出てきても，命を守る薬の使用をためらってはいけない。

このことわざに関しては，日英仏ともに個性的表現であり，文章も単語も全く異なっている。ただし，それぞれの表現の由来は必ずしも定かではない。『図説ことわざ事典』(:357)では「内臓が背中側より腹部に集まっていて，大事だから」として，福沢諭吉などもそのように考えたとしている。内臓の腹部論では『日英ことわざ文化事典』(:106)も同じような表現をしている。

平常はもちろん法秩序を遵守する義務が誰にもある。そうしないと，社会秩序が壊れ，人間の命が危うくなる危険性が増大するからである。たとえば本来は道路を歩くのは右側でも左側でもよいはずだが，自動車の普及により，どちらかに決めないと，交通事故を引き起こす危険性が増したので，歩行する側と車が走る側を定めたのである。しかし，災害などの緊急事態ではどちらでも構わない。

逃げるためには最適なコースを自分で選ぶしかない。いわゆる緊急避難の場合は，他者の利益よりも本人の命が最優先される。

フランス語の表現では，通常であれば狼は森の中で生息できるえさがあるから，森からわざわざ人里に出てくることはない。しかし，天候不順や自然界の変化により，森の中のえさが不足すれば，森の外に出て，家畜や人を襲うとする。北海道なら差し詰めヒグマだろう。出会ったら，命からがら逃げるだけである。

63. 船頭多くして船山に登る

英　Too many cooks spoil the broth.

仏　Trop de cuisiniers gâtent la sauce.

日本語では船頭，船，山が使われるが，英仏語では異なる。英語の直訳では，「料理人が多すぎるとスープがまずくなる」になる。それはフランス語でも同じで，「たくさんの料理人がソースを損なう」と表現する。cuisinier はコック。gâtent は gâter（損なう）の直説法現在三人称単数形。

『大言海』(:1176)では，「関係スル人ノ多キ為ニ，却ッテ，アラヌ方ニ，物事ノ進ミ行クニ云フ」とある。

指図をする人は少ない方がうまくいく。いたずらにリーダーが多いと，一つにまとまらず，所期の目的を達成できない。逆に間違った方向に進んでしまう。フランス語では他にも “On n’arrive à rien quand tout le monde s’en mêle.”「すべてが入り混じると，どこにも到達しない」もある。

日本で登場するのは船頭と船と山だが，英仏ともに食事に関連する。コックが多いとそれぞれの持ち味が違うために，味の統一が難しい。だからスープ(broth)でもソース(sauce)でも味が損なわれ，まずくなる。英語がスープでフランス語がソースになるところは，食文化の差異としてみても興味深い。

外山(2007:58)の「人間は社会によっていちじるしく違う生活様式，つまり，文化をもっている」という文章に出会ったとき，私はこのことわざを思い出した。

ただし，リーダーが一人だけでは独裁になる恐れが多く，これはこれで気をつけたい。その弊害は世界史でも日本史でもたくさんの事例から学べる。「ある事をやる場合，世話する人が多すぎて，統制が取れず，それぞれ勝手なことをやると，とんでもないところへ進行してしまう」(金子，評釈:217)ようなときに用いることわざである。

本書「はじめに」で触れた三隅のリーダーシップのPM理論では，リーダーの資質には実行力(performance)に富むこと，および統率力(maintenance)に優れることの二面があることを実証的に明らかにした。多くの場合，一人の人間が両方を同じレベルで兼ね備えることは困難であるから，最低でも実行力に優れる(Pと表現する)人と統率力が豊かな(Mと表現する)人の二本立てが，組織や全体社会では必要になると応用できる。なお，実行力に欠ける人は(p)，統率力に劣る人は(m)になる。

それらを組み替えると，4種類のリーダー像が画ける。理想はPM型だが，一人の人間には限界があり，リーダーの大半はPm型かpM型のどちらかであればいい方である。もちろん大多数はpm型になる。それを自覚して，自分の特性を活かした方への努力が求められる。

三隅二不二, 1984,『リーダーシップ行動の科学』有斐閣

64. 前途有望

英　He has bright (rosy) future ahead.

仏　Petit poisson deviendra grand.

> 日英語ではともに，前途や future ahead が明記されて，「望みあり」や「明るい(バラ色の)未来」につなぐ。ところがフランス語では未来を名詞では明記せずに，動詞 devenir(なる)の未来形を使って表現している。deviendra は devenir(なる)の直説法単純未来三人称単数形。主語も「小さな魚」(petit poisson)であり，未来に大きくなる(grand)だろうとする。直訳的には「小さな魚が大きく成長するだろう」となる。

前途有望とみなされるには何が重要か。まずは本人の意欲と能力である。学問，芸術，スポーツをはじめ，通常の職業全般にこれは当てはまる。二番目は本人の人柄だろう。これが評価されないと，周囲での支援が続かない。唯我独尊では周りの支持を取り付けられない。

三つ目は，本人の勤勉性であり，いくら能力に恵まれていても，練習嫌いだったり，勉強の手抜きが続けば，前途は多難である。なぜなら，同じ分野で努力する人も多いからである。この勤勉性は時間の管理能力と整合する。無駄な時間がたくさん生まれるライフタイルの見直しが必定になる人もいるはずである。

四つ目は本人の長期にわたる過程で，短期目標と長期目標の同時設定と同時追求ができるかどうか。「未来に大きくなるだろう」

といってもいきなり40年後に大きな業績が生まれるのではない。あるいはいきなり首相になるのでもない。社長も理事長も会長にも少しずつ組織の階段を登っていくのだから，必ず短期目標を設定しておく。たとえば35歳で係長，45歳で課長，50歳で部長などを自らが設定する。

学問であれば，短期目標として30歳代で1冊，40歳代で2冊，50歳代で3冊，65歳の定年までに，合計10冊の単著を刊行するという長期目標が同時進行する。ただし著書もまた個別論文の積み上げであるから，結局は小事を勤勉にこなし，気が付けば大事としての単著が刊行できる。この繰り返しがいくつまで可能か。

それには五番目の条件である健康管理の重要性があげられる。無病息災でなくても一病息災でも構わない。自らの身体を厭いながら，人生の健康寿命を長続きさせるライフスタイルの樹立こそが，「有望な前途」を手に入れる道筋になる。

さらに六番目には，自分が努力していく過程で，誠意ある支援者に恵まれるかどうか。恩師でも，ライバルでも，後輩でもいい。何かの折に必ず的確なアドバイスを速やかに与えて励ましてもらえる存在こそ，前途を明るく輝かせてくれる。それには自分もまたそうしてきたという積み上げこそが必要である。結局は，自分もまた「親密な他者」としてどれくらい生きてきたかという問題に戻ってくる。

た　　行

65. 大山鳴動して鼠一匹

英　Great (Much) cry and little wool. Much ado about nothing.

仏　La montagne a accouché d'une souris.
　　C'est la montagne qui accouché d'une souris.

英語では騒ぎ(cry, ado)が使われるが，日本語とフランス語では，山(montagne)とねずみ(souris)が使われる。accouchē は accoucher(生み出す)の直説法現在三人称単数形。

フランス語のねずみに関しては，"Quand le chat n'est pas là, les souris dansent."「鬼の居ぬ間に洗濯」として「14」で説明した。

"Much ado about nothing." はシェークスピアの喜劇の題名『空騒ぎ』による。'ado' は 'to do' であり，これについて斎藤(中辞典:16)では，次の例文がある。"I have much ado to keep out of debt."「借金をせずに居るのが大困難」。

「空騒ぎ」は日常生活にも多くある。久しく音信不通であったおじやおばが亡くなったので，弁護士から遺産相続の連絡がきた。ただの甥や姪の関係ではあったが，いくらかでも遺産をもらえるならばと書類を整えて，現地に出向く。

ところが，そこには会ったこともない若い愛人や生前に認知された子どもが来ているという話はよく聞く。そうすると，"Don't count your chickens before they are hatched."「捕らぬ狸の皮算用をするな」が効いてくる。

なお，hatch に関しては次の「戯言」として，新聞の「出生，婚約，結婚，死亡」欄の表現として，‘hatches, catches, matches, and dispatches’ を使うことがある。もちろんこれらは ‘births, engagements, marriages, and deaths’ に相当する。

家族や親せきが絡む問題で「空騒ぎ」が目立つが，会社関係でも少なくない。一番は昇任人事関連だろう。あいつが地方に飛ばされたので，今度の課長のポストは自分だと思っていても，銀行筋や政府関係者からの横やり (interposition) がある。そうすると，その人事はだめになり，自分とその取り巻きだけの「空騒ぎ」に終わる。

66. 他山の石

英　We may learn a good lesson from it.
　　The fault of another is a good teacher.

仏　Prendre qn. comme modèle.
　　Tirer une leçon de qc.

> 他人の経験から何かを学べることは多い。日本語の言葉は山と石だが，英語では直訳的に「いい教訓」(good lesson) や「良き教師」(good teacher) を使う。一方フランス語では，簡単に “prendre qn. comme” (お手本にする)，あるいは Tirer une leçon de [qc (quelque chose，あるもの) ～から教訓を引き出す] という。

「他人の失敗は優れた教師である」から分かるように，「他山の石」はよその山から出た粗悪な石を意味している。すなわち，自分よりも劣っている人の言動や行いでも参考にして，わが身を修め学問に励むことである。

しかし，日本国民の間には「他人の優れた言行を自分の行いの参考にする」という理解があるようだ。これは時代とともに，言葉の意味は変化する事例の一つだろう。

英語でもフランス語でも「教訓」(lesson，leçon) を使うところからすると，日本語の「他山の石」(他所の粗雑な石) ではなく，優劣を問わずあらゆることに他者の経験が「教訓」になるという表現に近い。

日本の国民も少しずつそれに近づいている。問題は，どのような「教訓」にするのかだ。他人の失敗をどう活かすかは応用しやすいが，どのような「お手本」にするかは簡単ではない。なぜなら，そっくり真似することもあれば，反面教師として位置づける場合もあるからである。両方に非があり，“There are faults on both sides.”「どっちもどっち」も決して珍しくはないからだ。

反面教師であれば，事例の全部がそうなのか，事例のどの段階を特に取り出して使うのか。それは自分の問題意識次第である。

王選手の一本足打法がホームラン王を作り上げ，生涯 868 本の公式記録が誕生した。しかし，そのためには血のにじむような苦労があったはずだ。足腰の強靭なバネ，スウィングする際のスピード，本人がよく言われたボールの中心線より 3 ミリ下をたたく。この総合技術は本人のたゆまぬ精進の結果であり，学ぶべきはそこにある。

67. 棚からぼたもち

英　If the sky falls, we shall catch larks.

仏　C'est un avantage inespéré.

いずれの言語でもこれは「思いがけない儲け」のことである。

日本語では棚とぼたもちだが，英語では空とひばりが使われる。「もし空が落ちるなら，数羽のひばりを捕まえるだろう」となる。

フランス語では文字通り直訳的に「それは望外な利益だ」とする。

avantage(利益)，inespéré(望外の)。inespéré は bonheur，événement，succès を修飾して，思いがけない幸福，出来事，成功としても使用する。

学業，職業，家事，対人関係，同僚との付き合いなどの日常生活でも，「棚ぼた」に出会う機会は皆無ではない。期末試験や入学試験でも，事前に「いわゆる山を張っていた」分野で想定していた内容によく似た問題があれば，もちろん満点が取れる。

仕事面でも，数年がかりの地道な著作が時代の変化により，その先端分野の評価を受けて，予想外に売れたことがある。「地域福祉」が叫ばれていた時代である。

私の場合も「思いがけない幸福」がある。それは，39 歳の時に学会誌の『計画行政』に書いた論文で，第 1 回の日本計画行政学会賞をいただいたことである。学会賞などはもらいたくても絶対にもらい得ない。しかもたまたま学会賞制度が始まった年の第 1 回目の受賞であったから，これは「棚ぼた」であった。

しかも，その論文も含めた『都市高齢社会と地域福祉』(ミネルヴァ書房, 1993)を刊行して，九州大学の博士学位申請論文にして，それが受理され，博士の学位が得られた。22歳で修士課程に進学して，44歳で学位が得られたことになる。さらにもう一つの「棚ぼた」があった。それは1994年度の第14回日本都市学会賞(奥井記念賞)にも選ばれたのである。つまり40歳前後の「棚ぼた」が3回あったことになる。これは大学時代からの恩師鈴木広博士のご指導のたまものであり，深く感謝している。

その他，出版では絶大な支援をいただいたミネルヴァ書房，都市社会学の入門時代にさまざまなご配慮をいただいた東京都立大学名誉教授・故倉沢進先生，社会変動や社会システム論の分野で教えていただき，『高田保馬リカバリー』(ミネルヴァ書房, 2003)の際には「高田保馬とパーソンズ」をご寄稿いただいた東京大学名誉教授・故富永健一先生からのご指導も，私にとっては思いがけない幸福としての「棚ぼた」であった。

68. 塵も積もれば山となる

英　Many a little makes a mickle. Many drops make a shower.
　　The whole ocean is made up of single drops.

仏　Les petites économies font les bonnes maisons.
　　Les petits ruisseaux font les grandes rivières.

日本語では，塵と山の組み合わせである。塵が実際に積み上げられても本当の山にはならないが，小さいものを大事にすればやがて大きな実りが得られるのは事実である。語学でも音楽でもスポーツそして学問でも，すべてが小さな努力から始まる。

英語では「小さなもの(a little)が集まってたくさんの量(a mickle)を作る」とあるが，水に例えて，「たくさんの水滴が激しいにわか雨になる」。あるいは，「大洋全体は一滴の水から作られている」なども同じ意味になる。

これに対してフランス語では，「小さな節約が上等で快適な家を作る」と表現される。ここでは「塵」でも「水滴」(drops)でもなく，「節約」(économies)が上等の家(bonnes maisons)をもたらすという実践的な表現になっている。ただし二番目の表現では，小川(petits ruisseaux)が大河(grandes rivières)を作るという意味であり，水のたとえは英語仏語ともにある。

『大言海』(:1344)では，「ワヅカナルモノモ，積リ積モレバ，高大ナルモノトナルノ意」とある。目標達成をするには少しずつの努力しかないことを，塵，山，小川，水滴，大洋，大河などを事例として教えることわざである。金子(続評釈:186)によれば，鎌倉室町時代にも行われていただけではなく，古今集序に「高き山も麓の塵土(ちりひじ)よりなりて」を引用して，紀貫之にまでたどる(この引用は佐伯，1981:11 による)。

そしてこれを踏まえて，白楽天「高山起微塵」に到達して，さらに「大智度論」の「積微塵成山」に至る。かくて，このことわざは「遠く仏典にある」として，それだけ古いから「普遍的な真理がこめられている」(同上:187)と金子は見た。

少しずつ(peu à peu)でもやれば，目標に近づくことは語学，楽器の演奏，スポーツ，学問，健康づくり，筋トレ，体力維持など各方面で周知のことである。問題はむしろいかに実行するかである。

それには目標を局限することである。フランス語の学習でいえば，初級文法の本を精読して，英語との違いを感得する。いきなり会話や長文読解や仏作文に進んでも実りはない。糖尿病患者の健康づくりならば，たとえば食生活面でのカロリー制限だけに全力を尽くす。それが定着したら，一日 1 万歩の実践を始める。その後で糖質制限を加える。

ギターの練習ならば，1 小節ごとに指使いを繰り返す。私は若い頃にこの方式で 3ヶ月間「アルハンブラの思い出」を毎日練習して，とりあえず自分にだけ聞かせるための演奏ができるようになった経験がある。

佐伯梅友校注, 1981,『古今和歌集』岩波書店

69. 鉄は熱いうちに打て

英　Strike while the iron is hot.

仏　Il faut battre le fer pendant qu'il est chaud.

> 日英仏語すべてで，「鉄は熱いうちに打て」と書く。
>
> フランス語では faut(必要である，falloir の直説法現在三人称単数形)，打つ(battre)，鉄(fer)，熱い(chaud)を使う。pendant que(～する間に)だから，フランス語でも「鉄は熱いうちに打て」となる。

人間が誕生してからの社会化の過程(社会的存在になるための規則，礼儀，常識，言語，習慣などを身につける期間)は，生誕後 15～18 年間程度に想定されているが，その初期の 3 年間が最も重要である。何事も初期にというより，これはむしろ「好機を逃がさずに」鍛えようということわざである。

鉄(iron，fer)は文字通り製鉄や製錬の鉄であるが，人間に関していえば比喩的な「好機」とは，幼い時期や新しいものに強い関心を持つ時期を指す。英語でも日本語と同じであり，幼児教育や義務教育の重要性を示唆する文章としても読める。

掛け算の九九は小学校低学年で覚えるのがよく，語学やスポーツや音楽でも若い時に始める方に成果が上がる。日本の国立大学大学院文学研究科の修士課程入試には，ある時代まで外国語が2科目必修とされていた。これは20年くらい前に中止され，その後外国語受験は1科目からの選択になった。

そのため，ドイツ語やフランス語を使うような学説史研究をはじめ，ドイツ社会学やフランス社会学の研究は次第に日本の学界では衰えてきた。むしろ仕事上どうしても必要な人のみが，20歳代30歳代になってようやく始めるのだが，それは日本の学界への紹介の域を超えないまま，本場のドイツやフランスの社会学レベルには届かないようである。

楽器もスポーツも一定数は幼いころから学ぶが，高校入試や大学入試準備などのためにそのまま継続することが困難で，途中で脱落する。音大には進学するが，就職先が極端に少ないために，音楽が仕事として続けられない。「熱いうちに打て」は正解だとしても，それを長続きさせる工夫が個人でも社会の側でも不足してはいないだろうか。

70. 灯台もと暗し

英　At the foot of the candle it is dark.
The darkest place is the candle-stick.
The nearer to the church, the farther from God.

You must go into the country to hear news at London.
One has to go abroad to get news of home.
仏 Le phare n'éclaire pas son pied.

> 身近なところがむしろ見えない。英語にはいく通りもの表現がある。
> フランス語では，「灯台は足下を明るく照らさない」とする。éclaire は éclairer（照らす）の直説法現在三人称単数形。pied は足。

『大言海』(:1434)では，「火光ノ遠キヲ照ラシテ，明ラカナレバ，其下ハ却ッテ暗キコトニテ，即チ，遠キコトハ明ラカナレドモ，目前ノ事ハ知ラレザルノ意」と説明されている。

このことわざが西鶴の作品に見られるという（金子, 評釈:258）。もちろん家の中で用いる灯火を載せる台のことであり，岬にあり，遠くの船舶や航空機の道しるべになる燈台とは違う。

日本語とはやや異なる表現をするが，意味はそれぞれによく分かる文章が，英語にもある。まず，"The nearer to the church, the farther from God." から検討しよう。教会に近づけば近づくほど，神からは遠ざかる。これはヨーロッパ中世で，収入を得る目的で，教会が免罪符（贖宥状）を発行して，それを買えば，巡礼，断食，祈りなどをしなくても，罪が償えるとした歴史的事実を想起させる。販売者も大司教も教皇もそれにより莫大な利益を得ていた。この異常さに異議を唱えて立ち上がったのがルターであったことは，世界史で学んだ通りである。

"You must go into the country to hear news at London." も "One has to go abroad to get news of home." も同じことを述べている。すな

わち，「田舎に出かけても，きっとロンドンでのニュースを聞くだろう」。あるいは，「自分の故郷のニュースを得るには，外国に行く必要がある」。

「遠くのものがよく見えて，近いものが見えにくい。それが人間の認識の基本的性格である」(外山, 2007:68)。いずれも近くのニュースは，遠いところで早く知れる。これは一見逆説的だが，当たっているところがある。日本でも東京にマスコミすべての本社が集まっているから，札幌のニュースでも福岡の事件でも，東京でいち速く詳しい情報が得られる。このような情報提供の構造が日本における東京一極集中を引き起こしたのだが，是正には程遠い現状にある。このままでは，せっかくの地方創生も単なる絵空事で終わってしまう。

なお，このことわざについての柳田の解釈は，「だからまず自分の周囲に気をつけよというふうにいってきかせる」(柳田, 1930＝1976:90)という見識を示すものであった。

柳田國男, 1930＝1976,『なぞとことわざ』講談社

71. 遠くの親せきより近くの他人

英　A near neighbor is better than a distant cousin.
　　A good neighbor is better than a brother far off.
仏　Mieux vaut bon voisin que parenté lointaine.

日英仏語ともに，近くの他人＝隣人，neighbor，voisin. 日本語の親戚は英語ではcousin(通常はいとこだが，ここでは遠い親類)になる。

フランス語ではparentsならば両親，祖先，親せきとなるが，parentéは親族，親せき関係，親類縁者の

みを指す。mieux は bien の優等比較級。bon(良い), voisin(隣人), parenté(親せき関係), lointaine(遠くの)。
　“que parenté lointaine.” の代わりに “qu'un parent éloigné” が使われることもある。

社会学におけるコミュニティづくりで必ず触れられることわざである。家族に次いで世話になるのが地域社会の隣人である。近隣関係は neighbor や neighborhood そのものであるから，移動に乏しかったかつての土着型社会では，neighboring の研究が盛んに行われていた。地域移動が頻繁に起こらない時代では，住民の大半は定位家族(family of orientation)が暮らす地域社会を住みかとしていたから，家族と親せき以外の重要な軸が近隣であった。

しかし，1955 年くらいから始まった高度成長の労働力源となった集団就職は，若者たちが定位家族から離脱して，大都市東京や大阪に 1970 年代前半まで地域移動を毎年繰り返した。若い人にとっては定位家族が暮らす近隣などには何の関心もなく，移住した東京下町などの工場街が新しい近隣になった。

一間の部屋に住み，会社や工場に通う毎日では，近隣関係は切断される。定住と近隣がセットで論じられた「土着型社会」とは異なり，この「流動型社会」では，近隣とは無縁でも暮らしていける若者がたくさんいた。

ところが，集団就職組もそれから 50 年後の退職年齢になると，会社同僚との付き合いの他には遠くの親せきなどとの縁はすでに薄れている。何しろ「兄弟は他人の始まり」なのだから，それよりも縁が薄い従兄弟(従姉妹)などとの縁が，65 歳を過ぎてから復活するわけもない。

とりわけ配偶者が無くなり一人暮らしになると，あるいは生涯未婚者であれば，部屋には誰もいない。病気や災害の際に支援してもらえる関係も乏しい。

そこで，改めてこのことわざが見直され，孤独死の予防でも児童虐待のネグレクト発見でも重視されるようになった。「遠くにある水は近くの火事を消すことはむずかしく，遠くにいる親類は近くにいる隣人のようには，頼りにはならない」(金子，評釈:269)は，今後ますます「少子化する高齢社会」では真実になるのではなかろうか(金子，2011)。

金子勇，2011，『コミュニティの創造的探究』新曜社

72. 時は金なり

英　Time is money.

仏　Le temps, c'est de l'argent.

> 日英仏すべて同じ単語と語順。Time＝temps, money＝argent

何をするにしても時間が必要になる。衣食住を整えるにも，仕事や学業や研究をする時も，時間がなければ十分なことができない。話をしたり，文章を書いたり，メールを読むのも限られた時間の中で行う。睡眠でさえ時間の流れの一コマである。

すべての人間行為は時間のなかで発生するが，金銭を稼ぐにも時間が要る。働く時間とその内容に応じて時間単価の相場がある。単純な作業では時給が安いだろうし，高度な医療行為では高くなる。しかしいずれも時が金を産む。

スポーツや芸能では時給換算は難しい。また，政治の世界のカネの動きと時間とは結びつけにくい。学問の世界も時間がかかる割には成果に乏しいという批判があるが，学問では失敗も多いので，時間換算は困難である。逆に，長くかければいい成果が出るという保証もない。

病気に関しては，“Time cures every disease.”「時間がくすり」という表現がある。これは自分の身体の治癒力に期待することで，内科的な薬剤や外科手術や放射線治療などを組みあわせて，最大限の治療効果を狙う。肺がん患者の特効薬として開発された「オプジーボ」などは，「治癒力」を高める効果を狙った薬である。この薬を研究面でリードした本庶佑博士が，2018 年度ノーベル医学生理学賞を受賞されたことは記憶に新しい。ただし，あまりにも高額ゆえに，医療保険のうち「高額療養制度」への危機も根強い(里見, 2016;金子, 2018:121-123)。

里見清一, 2016,『医学の勝利が国家を滅ぼす』新潮社
金子勇, 2018,『社会学の問題解決力』ミネルヴァ書房

73. 泥棒にも三分の理あり

英　Every evil-doer has his reasons.
仏　À tout péché miséricorde.

日本語では泥棒が主語であり，三分の理があるとする。これに対して英語では，「すべての泥棒は複数の理由をもっている」とする。泥棒(evil-doer)は同じだが，三分の理ではなく，複数の理由(reasons)を持つとされる。

一方フランス語では，「どんな罪にも許しがある」と

なる。泥棒ではなく日英語よりもずっと一般的な表現が使われ，泥棒だけではなく殺人，強盗，詐欺などの罪(tout péché)に対しても，慈悲(神の許し)があるとする。

何事もいい面と悪い面があり，それは表裏一体である。斎藤(中辞典:404)では「一利一害」として “Where there is good, there is evil.” が紹介されている。

ゆとりある教育では学生と生徒には時間面でのゆとりが出来たが，学力が低下した。飽食時代は栄養失調をなくしたが，肥満とそれに苦しむ人を増やした。

クルマは便利だが，運動不足の原因にもなる。同時にクルマの数が増加したり，安全運転が守れないと，交通事故の主因にもなる。

このことわざは，犯罪だけではなく，社会学者マートンの機能分析の第一歩でもある。マートンは正機能と逆機能だけではなく，可視的な顕在機能，社会現象に潜んでいて見えにくい潜在機能を組み合わせて，4通りの機能分析を完成させた。たとえばマイカーは天候に左右されずに，時間通りに目的地への到着を可能にするという顕在的正機能がある。しかしそのためには，クルマ関連の税金，ガソリン代，保管費用などの維持費，高速料金などの出費が伴う。これが顕在的逆機能である。

また，クルマへの依存度が高くなると，運動不足により肥満や足腰の弱まりという潜在的正機能が強くなる。そして，潜在的逆機能には，便利さと引き換えに交通事故数や交通事故死数が増えてきて，排ガスによる呼吸器疾患などがあげられる。

このように機能分析を使えば，一つの社会現象が４通りの意味に分解されるので，それだけ詳しい研究素材にもなる。

Merton, R. K., 1957, *Social Theory and Social Structure*, The Free Press.（＝1961 森東吾ほか訳『社会理論と社会構造』みすず書房）

な　行

74. 七転(ころ)び八起き

英　To have nine lives.

仏　Il n'y a chance qui ne rechange.

> それぞれの言語で独自の表現が見られる。いずれも幾度失敗しても，それに屈せずに，立ち上がって奮闘することを指している。日本語では「七回転んでも八回目に立つ」。英語では「九生をもつ，すなわちなかなか死なない」とする。多くの場合この主語は猫である。
>
> フランス語では，「変わらない運はない」といつもながらの一般的表現であり，七回などの数を示さないという特徴がある。

『大言海』(:1514)では，「数度ノ失敗ニモ屈セズシテ，奮励スルコト」とされる。これは「98　三日坊主」の対極にある生き方である。人生に失敗は付きものであり，いちいち挫けていたら，人生80年などはすぐに終わる。

フランス語の別の表現も味わいがある。“La vie consiste à se relever après chaque chute.” 直訳すると，「人生はそれぞれ転落してから立ち直ることにある」。consiste à は，～することにある。

さて，老若男女ともにこのことわざには思いがそれぞれにあるだろう。ラジオ体操では「三日坊主」であっても，挫けずに休日祝日には朝のウォーキングを欠かさない人もいる。

その成功にとっては，「生きがい」論が手掛かりになる。私の高齢者研究成果の一部を紹介しておこう。本来生きがいとは全ての世代に求められる「生きる喜び」なのであり，したがって職業の有無や健康状態を超えて存在するはずである。ところが，日本社会では生きがいという言葉を特に高齢者に結びつけて使うことに対して，何の違和感もなかったように思われる。むしろこのような問題の立て方そのものに，日本の高齢者福祉行政の特徴があったといってよい。

ほとんどの場合，そこでの高齢者は生きがい援助の対象であり，周りからの支援を必要とするとして位置づけられてきた。要するに，高齢者は受け身の存在としていわゆる「高齢者神話」が該当するものとして認識されて久しかった。このステレオタイプの認識の延長線上に，「『老人』と『障害者』の同一視」(パルモア，1990＝1995:178)を読み取ることは容易である。

しかし，受け身どころか積極的な人生の実践者としての高齢者も多い。日本全国のたくさんの高齢者にインタビューし，さらに調査票による大量観察をして一番感じられたのは，自分をロウソクの光源としてみると，この光は近くを最も強く照らし出し，遠くにいくほど弱くなるとのべられる高齢者が多かったことである。この場合もっとも身近なものはもちろん家族である。ところが，大都市だけではなく，全国的にも三世代同居率が急落して，家族と同居しない高齢者が徐々に増えてきた。身近なロウソクとして輝き続けたくても，受皿としての家族規模が小さいか，家族とともに住んでいなければ，せっかくの光源が生かされない。

ただ，このような事情でも，光源は消えずに，家族を超えて近隣に届いていることは指摘しておきたい。町内会や小学校区などいわゆる狭い意味でのコミュニティがその光の届く範囲になる。

一人の高齢者にとって，家族と地域社会とは機能的には補い合う関係なのである。一人暮らしの人は一人ぼっちではなく，地域社会の中で支えられている。

私は都市高齢者の生きがいを社会参加，友人交際，趣味娯楽，家族交流に大別してきたが，結局いえることはどれか一つの生きがい要因にこだわっていると，そこから二つ目の生きがい要因も見えてくることであった。「人は体験と人間関係に反応して，引き続き学び，変わり続ける」(バトラー, 1975＝1991:469)のである。人と人との結びつきの糸(ストリングス)が人の強さ(ストレングス)の源であることは複数の都市調査で発見された命題である。

個人の生きがい追求と多世代間の共生をめざすことは，少子化と長寿化が同時進行する21世紀における日本社会の目標の一つである。多くの研究から総合してみると，生きがいづくりとしては，「一人称の生きがい」(専ら自分自身のために何かをする)，「二人称の生きがい」(家族・親族，友人等のために何かをする)，「三人称の生きがい」(他人と地域社会のために何かをする)があるとみなされる場合もある。また，学ぶ生きがい，遊ぶ生きがい，貢献する生きがいに三分割できることもある。とりわけ一人称の生きがい論では「七転び八起き」が重要である。

さて，私が実施してきた複数の都市高齢者調査における生きがい分析からは，「交流」という生きがい要素の強さが目立つように思われる。ただし，経済的にも精神的にも安定していること，すなわち食べるには困らないことが前提であり，これは「私生活の安定」と呼ばれる。「交流」の相手は問わないが，とにかく一緒に何かをする(experiencing together)ことが必要であり，そのような交流が「生きる喜び」を与えてくれる(金子, 2014)。

「交流」相手をどこで得るかは，高齢者個人のそれまでの生活史に応じてさまざまである。会社や役所などの組織で働いた経験をもつ高齢者が次第に多くなってきたので，この人々は農業や自営業経験者とは違って，地域を超えた広い範囲での社会関係を求める。したがって，ローカルというよりはナショナルさらにはグローバルレベルでの社会関係も必然化する。自営業を営んできた高齢者にとって，その友人の多くは徒歩圏内に住んでいるが，組織勤務の経験を持つ高齢者は，徒歩圏内を超出する幅広い行動半径をもっている。しかも市部町部，健康非健康，男女それぞれに「交流」相手の選択は異なる。

「自分を生かす」こともまた生きる喜びになり，同時に他人のためにもなるとみなす高齢者もいる。その延長線上に新しい経験や冒険を試みる高齢者が登場する。生活に少しだけ変化をつけたい，あまり急激な変化は求めないが，パソコンにも取り組みたい，英会話を学びたい，ボランティア活動を行いたいというライフスタイルである。「社会的離脱理論とは裏腹に，年をとるほど社会的活動の重要性が増す」(フリーダン，1993＝1995：84)ので，ライフスタイルの点検もまた生きがいとの連動性の視点を必要とするのは当然である。

20年を超える私の研究では，高齢者も含む全世代の人間の生きがいは，社会参加，友人交際，趣味娯楽，家族交流の4分野で8割程度が含まれることが判明している。残りは金儲け・蓄財とリスクの大きいギャンブルだが，ここでは省略しておこう。もしこの4分野で思い当たるところがなければ，とりあえず趣味娯楽に関して，高校入試で外された科目(音楽，美術，保健体育，技術家庭)から選択するのが，生きがい選択には有効である。なぜなら，カラオケにしても，水彩画にしても，ウォーキングにしても，園芸にしても，その大半が高校入試で外された科目に関連しているからである。

その意味で，少子化する高齢社会では，音楽，美術，保健体育，技術家庭の知識と技術が，とりわけ高齢者の生きがいに直結することを知っておきたい。このような義務教育教科の見直しが，今後の高齢社会に生きる高齢者を救うという主張を長年にわたり私は行ってきた。

仕事から離れた高齢者が「七転び八起き」する際には，この高校入試で外された科目の見直しが役に立つはずである。

Butler, R. N., 1975, *Why Survive? Being Old in America*, Harper & Row, Publishers, Inc.（＝1991 内薗耕二監訳『老後はなぜ悲劇なのか？』メヂカルフレンド社）

Friedan, B., 1993, *The Fountain of Age*, Curtis Brown Ltd.（＝1995 山本博子・寺澤恵美子訳『老いの泉』(上下)西村書店）

金子勇, 2014,『日本のアクティブエイジング』北海道大学出版会

Palmore, E. B., 1990, *Ageism*, Springer.（＝1995 奥山正司ほか訳『エイジズム』法政大学出版局）

75. 習うより慣れよ

英 Practice makes perfect. Practice is the best master.

仏 C'est en forgeant qu'on devient forgeron.

日本語では慣れることを強調する。英語では「実践することが完全を作る」と表現する。あるいは，「実践こそが最良の教師である」ともいう。

フランス語では日英語とは異なり，鍛冶屋(forger-on)が出てきて，「人は鉄を打っているうちに鍛冶屋に

なる」。すなわち「修練を積んでこそ一人前になる」。forgeant は forger の現在分詞。devient は devenir（〜になる）の直説法現在三人称単数形。en＋現在分詞で，〜しながら。

習わずとも，慣れることも一つの能力であり，それが自己流の習慣になると，大きな個性に成長する。健康法，学習法，コミュニケーション法など，教室で学ぶだけよりも，実践で慣れることが上手になる秘訣である。

ただし，標準的な方法は習った方が上達も早い。外国語の発音はもとより，ゴルフのスイング，バレーボールのサーブやレシーブ，平泳ぎ，カーブの投げ方など，初心者の頃に手ほどきを受けた方がいい。その後に実践を通してレベルアップする。

社会調査でも同じことが言える。社会調査を人の意見を聞いてくることだと勘違いしている学生が多い。社会調査論の開講時にそれを話すと，「他に何かあるのか」と怪訝な顔をする学生すらいる。質的調査はインタビューの手法で一人の対象者に2時間程度あれこれ尋ねてくる。もちろんやり取りを録音して，帰宅してからそれを繰り返し聴き直して，要点をまとめて課題に接近する。この調査のコツは独学では身に付かない。教師の指導助言を事前に受けて，調査員同士の予行演習が要る。

他方，数百人規模の量的調査では，事前の質問紙即ち調査票の内容こそが重要であり，その内容からの逸脱がないことを周知させる。調査相手を拘束できるのはせいぜい30分なので，挨拶後にはすみやかに調査票に基づき，尋ねていく。全部の有効回収率が70%を超えれば，現在では成功したとみられる。あとは，できる人に習いながら，データをパソコンに入力して，データクリーニングしたら，クロス集計はじめいろいろな計算をして，結果を分析する。ここでも慣れる前に教えてもらうことが肝心であり，その後でパソコン操作の技術を磨くことになる。

76. 二足の草鞋(わらじ)を履く

英　To wear two hats.
仏　Il ne met pas ses œufs dans le même panier.

> 日本語の場合，二足の草鞋とは，たとえばやくざが十手を預かるような場合を意味するので，評判は良くない。なぜなら，元来両立しえない種類の二つの職業を一人で兼ねるからである。
>
> しかし英語の “wear two hats” では，同時に二つの仕事をこなす，一人二役として二つの職に就くことであり，そこには評価が含まれていないようである。
>
> フランス語の表現を『仏和大辞典』(白水社)では，「卵を一つのバスケットの中でごちゃまぜにしない」という直訳を，「一つの事業に全財産をつぎ込まない」としているから，フランス語では二足の草鞋には肯定的な印象がある。

『大言海』にはないが，歴代の『広辞苑』では，長い間「博徒が十手をあずかるような，同一人が両立しないような二種の業を兼ねること」と解説してきた。しかし英語では『新和英大辞典』(第 3 版, 研究社, 1954: 1232) のように，“pursue two objects (=run after two things) at the same time; have many irons in the fire” のように訳しているところを見ると，この評価はむしろ肯定的なようである。

50 年後の『新和英大辞典』(第 5 版, 研究社, 2003 : 1990) でも同じような説明文が使われている。“pursue two objectives [= run after two things, fill two roles, engage in two businesses] at the same time; have many irons in the fire” というように増補されているが，基本的には高い評価姿勢のままである。

これはアメリカ社会の実態として，月曜から金曜までの仕事と土日のそれがまったく違う人が少なくないという事情によるのであろう。あるいは，午後 5 時までの勤務と午後 7 時から 9 時までの仕事が異なる人もいるために，日本語の語感とは異なる評価に結びついたと考えられる。

それは第 3 版でも第 5 版でも踏襲された “have many irons in the fire” からも証明される。この意味は，「一度にあまりにもいろいろな仕事に手を出す」ことである(『新英和大辞典』第 6 版, 研究社, 2002 : 1296)。アメリカ社会の個人主義は仕事をするにしても，同じところだけに勤務するのではなく，力量がある人は自由に多彩な職業を掛け持ちしてきたのである。

日本でも「二足の草鞋」の雰囲気はもはや江戸時代のままではないだろうが，40 年前までは終身雇用，年功序列，企業別組合という高度成長期の 3 点セットがしっかり機能していたので，「公務員の兼業禁止」に象徴される社会であり，企業であったことは否めない。

しかし高齢化率が 30% に届こうとして，全体として「働き方の改革」や「働く年齢の見直し」が叫ばれる今日では，日本の高齢社会でも能力があれば次第にアメリカ型のライフスタイル

“have many irons in the fire” が増えるであろう。

そこへ行くとフランスではどうか。例文として，“Avoir une activité double.” もある。これは英語の表現と似て，「同時に 2 種類の仕事につく」といっているだけである。

『仏和大辞典』(白水社, 1981: 1699) では，ほかにも，“mettre tous ses œufs dans le même panier” に「一つの事業に全財産を投資する（ような危険なまねをする)」という訳がつけられている。例文はその否定形であった。だから，2 つに分散したほうがいいという判断なのであろう。

77. 二進(にっち)も三進(さっち)もいかない

英　The negotiations got bogged down.
仏　Les négociations sont dans l’impasse.

> 二進も三進もを「にっちもさっちも」と読む。英語では「交渉が穴に落ち込む」，フランス語では「交渉は行き詰まっている」とする。bog は沼地，bog down は行き詰まる（沼地から抜け出せない)。impasse は袋小路。negotiations と négociations の綴りに注意。

『大言海』(:1547) では，「浮世風呂」を引きながら，「如何ニ勘算シテモ，ドノヤウニ工夫シテモ」とある。

二進も三進も（にっちもさっちも）はそろばんの割り算から出たことばで，計算のやりくりの意味であり，その否定は，計算が行き詰まった状態を表現する。

物事はいったん行き詰まると，出口が見えなくなり，当事者はますます焦り，そのためなお一層落ち込んでしまう。日本語では交渉という単語は使わないが，英語もフランス語も negotiations と négociations で表現する。ただし斎藤(中辞典:923)では “We are in a nice fix.”「困った事になった。二進も三進もならぬ」とした。ここでの‘fix’は苦境，窮地の意味である。

自分一人でも何かをやる際に「にっちもさっちもいかない」時がある。それは想定外の事態が発生して，時間が思うように使えない場合である。参考図書が手元になく，最終確認ができない。期待していたデータが見つからず，次の段階に進めない。パソコンの電源スイッチを入れた途端にパソコンの画面が真っ黒になる。印刷しようとしたら，プリンターが動かない。これらは個人が日常的にしばしば経験する「にっちもさっちもいかない」状態の事例である。しかし，主に機械の部品交換で状況は改善される。

そうはいかないのが交渉事である。相手次第で成り行きが急変する。土地売買の契約寸前で邪魔が入る。取引先から一方的に今後の取引停止を告げられる。相手が理由をいわないので，交渉のしようがない。せっかく新しいビジネス機会を見つけても，銀行が融資を渋るので，その先に進めない。これらも日常の中で頻繁に起きるケースである。

では，出口に向けて何をするか。一つは何もしない。「22　禍福は糾える縄の如し」だからである。二つには，もっと影響力のある地位の人から事態を収拾してもらう。三つ目は，交渉相手と一緒に異なる条件を探し出す。それでうまくいくとは限らないが，「13　遅くてもしないよりまし」であろう。

78. 二度あることは三度ある

英　What had happened twice will happen three times.

仏 Jamais deux sans trois.

日本語だけではなく，国を超え世代の制約を受けずに，この格言は使われているようである。それほど当たり前の日常表現になっている。英語では「二度起きたことは三度目も起きるだろう」となる。 フランス語では「三度目がない二度目はない」というように，否定の積み重ねになる。

個人的にも社会的にも当てはまることがたくさんある。衣食住の事例から言えば，“Penny wise and pound foolish.”「安物買いの銭失い」がある。

安い衣服はそれなりに雑な縫製であり，糸がほどけたりする。特価品のトマトを喜んで買って，いざ食べる段になると，爛熟の域を過ぎて形が壊れ始めたものが混じっていたりする。住宅が手頃な価格だと思い買ってみると，水回りが手抜き工事であったりする。このような経験は何度もあるのだが，安さにつられてまた同じことをしてしまう。

その他，スマホを落としたり失くしたりして，一日中落ち着かないことも珍しくない。インチキな詐欺まがいのメールや電話に振り回された経験も数回ある。

仕事でも同じであり，時給が高くていいと思ったら，通勤手当が出ずに，販売のノルマを押し付けられる。かつてコンビニに就職した教え子がいて，最初の２年間は現場経験を積ませるという理由で，クリスマスケーキや恵方巻やバレンタインチョコなどの季節商品のノルマ達成があり，これに協力したことがある。

同様の協力依頼は銀行や生命保険に就職した教え子からもある。

生命保険は新しく契約できないが，銀行ではとりあえず新規口座を作ることになる。いずれにしても日常生活では，この格言には思い当たるところが多い。

79. 二度考えるのが最良

英　Second thoughts are best.
仏　La nuit porte conseil.

> 日本語では二度考えるであり，それは一晩寝たあとに考えることを表す。英語でも second thoughts が最良という表現になる。ただしこなれた訳となると，「ものには熟慮が一番大事」となろう。
>
> フランス語ではもっと明確な状況が設定される。porte は porter(もたらす)の直説法現在三人称単数形。conseil は指針，助言。nuit は夜。

私もこのことわざが好きで，若い頃から実践してきた。受験する大学と学部の選択，大学院進学か就職かの決定，論文構想，テーマにふさわしい社会調査法と調査対象地の決定など，常に迷いがあった。しかし，だらだらと引き延ばさないで，一晩かせいぜい数日で決定してきた。

公募人事に応募するかどうかもまた重要な決断がいるが，これも明示された締め切りがあるので，せいぜい数日で書類を出すかどうかを決めてきた。その他，結婚も就職も同じである。ただし「一晩寝るといい知恵が浮かぶ」といっても，本当は数日間かかることも多い。

確かに，二度といっても午前と午後よりも，一晩寝てからもう一度考えた方が「いい知恵」が浮かびやすい。寝ているときにも脳がそれを考えているのだろう。朝起きた時には，「いい知恵」が浮かんでいることがある。それは自分を説得する根拠であり，その状態は即答よりも一晩寝てからが得られやすい。

学内行政での無理難題，取引先とのボタンの掛け違い，好き嫌いという感情性に依存した論争などで「77　二進(にっち)も三進(さっち)もいかない」時にも，この原則を活用して二度考えた方がおそらくうまくいく。

これらの背景として，「この諺の教訓には，世の中にはそう好都合な事は多くはないものだ，という事実の認定が前提になっている」(金子，評釈:68)ことは知っていたほうがいい。だからこその「熟慮」だ。

80. 盗人を捕らえて縄をなう

英　Lock the stable door after the horse is stolen.

仏　Fermer l'écurie quand les chevaux sont dehors.

日本語では盗人一般だが，英語では馬が盗まれてから馬小屋(stable)の入り口に鍵をかけると表現する。なお，stableには安定したという意味もある。省略しない文章は，it is too late to lock…となる。the horseではなくて，the steed(乗馬用)を使うこともある。

フランス語でも同じく馬(chevaux，chevalの複数)が使われるが，盗まれるのではなく，馬が留守にする時に，馬小屋(écurie)を閉じると表現する。sontはētre(～にある)の直説法現在三人称単数形。être dehorsで留守にする。

盗人を捕らえた後に縄をなっても手遅れであり，馬が盗まれた後に馬小屋のカギをかけても「あとの祭り」である。どちらも準備不足をたしなめることわざである。事前の用意がなければ，出たとこ勝負になり，結局うまく対応できないことは日常的にもよく経験する。

健康面では，風邪をひいてからうがいをしたり，血圧が高くなってから減塩に目覚める。血糖値が上がって，カロリー制限や糖質制限を始める。アル中になってから禁酒しても成功しない。

学習面でも，いい加減な態度で試験に臨み，合格点が取れないことで勉強不足を知る。そこから巻き返しを図ればいいのだが，相変わらずそれまでのダラダラした暮らしを続けて，繰り返し受験に失敗する。そうするといたずらに時間が過ぎてしまい，年を取るばかりで，人生に対して投げやりとなる。

英語では同じ意味で使われることわざに，“After death, the doctor.” がある。人が亡くなった後に医者が来ても何にもならない。また，金子(続評釈:219)では，“To dig a well to put out a house on fire.”「火のついた家を消火するために井戸を掘る」が紹介されている。

これなどは，地震による大災害が発生してから，テレビに登場する地震学者の発言に似ていると感じる人は多いのではないか。地震学では全く予知できないにもかかわらず，観測地点を増加して，観測網を強化すれば何とかなるという論理で，毎年膨大な予算消化をしてきたが，その成果が依然として見えない。これを無視して，人文社会系の学問は役に立たないという元文部科学大臣の言質も奇妙なものだ。

81. 喉元(のどもと)過ぎれば熱さ忘れる

英 Danger past, God forgotten.

仏 On oublie facilement les épreuves passées.

英語では danger なので，危険物。すなわち，命を脅かしたり命を失うかもしれない状態を意味する。そして忘れられるのは God(神)が対象になる。きちんとした英文は，“The danger is past and God is forgotten.”

フランス語では danger ではなく les épreuves(試練)になるうえに，Dieu(神)ではなく，on(人)が主体になる。神ではなく人だから，わざわざ facilement(簡単に)をつけるのだろう。oublie は oublier(忘れる)の直説法現在三人称単数形。

人は過ぎ去った試練をいとも簡単に忘れる。試練だけではなく，危機でも援助でも感動でもたちまち忘れる。社会的危機管理の出発点はこれをよく理解して，繰り返し基本的な予防の仕方と危機からの脱出方法を国民に周知させることにある。基本が身についていれば，たとえ忘れていても，身体が対応する。

日本語では喉元を過ぎるものは何でもありだが，自然現象の地震災害でも台風による浸水被害でも，苦しい際に助けてもらっても，楽になれば忘れてしまう。その支援や援助にありがたいとも思わない個人，企業，自治体，国家，民族は珍しくない。また，支援を受けても，こちらが困ったときにお返しをしない。「人間は苦しみを忘れるといっしょに，とかく，苦しみから自分を救ってくれたものの恩までも忘れてしまいがち」(金子，続評釈:228)も正しい解説である。それは個人的関係から，毎年多額のODA供与を受けてきた外国でも同じようだ。

ただしそれは神とは無縁のように思われる。フランス語の主語に来るのは人(on)である。人だから，個人的な事情，例えば入学試験の準備，国家試験の準備，仕事面での協力や応援，ご近所間の付き合いや助け合いなど様々な場面でも，それらが一段落したら平気で忘れて，知らん顔をする。

自分の責任ではない社会的な事情，たとえば犯罪に巻き込まれる，火災の被害者になる，交通事故にあうなどの際にも，周囲から協力や支援がなされるが，それらの後処理が終ったら，簡単に忘れてしまう。そこで，別の訳として「苦しい時の神頼み」もまた使われることになる。

さて，2020年1月からの新型コロナウイルス感染の問題でも，このことわざが使われそうである。そこで「コロナウイルス感染予防の診断と対応」として，「忘れないように」事実経過をまとめておきたい。以下は，6月30日付の執筆である。

第二波第三波を含めて，コロナウイルス感染予防は待ったなしであるが，この5か月間5つの言葉に違和感が続いている。なぜなら，テレビを始めとしたマスコミでも政界でも，以下の5つの言葉があいまいなままで使われてきたからである。日本における未曾有の災厄に対抗するために，医学や自然科学と合わせて人文・社会科学も動員するという立場で，現代社会学の立場からの修正案を示しておきたい。

ただ社会的距離(social distance)への疑問と「外出自粛」の枕詞になっている「不要不急」の2点については「18　温故知新」で論じたので，ここでは次の3点に絞ることにする。

1．まず言葉の違和感が「外出自粛」の理解の仕方にある。多くの場合は「自粛する」のは本人だけの判断によると考えられている。しかしそうではない。社会学者デュルケムが示したように，人間行動は社会の側からの社会的事実によりさまざまな規制を受けているからである。ここにいう社会的事実とは「個人の意識の外部にある行動，思考，感覚の諸様式」であり，それは個人への命令と強制の力を持っている（デュルケム，1895＝1978：52）。法律はもとより，道徳，慣習，制度，習俗などもここに含まれる。社会学ではこれらを総称して社会規範と呼んでいる。人間は内面化した社会規範を無意識的にも考慮して行動する。

第一波の際に，多くの国が社会的事実としての法律に基づく外出規制を実施した。これに反して日本では，渋谷駅や新宿駅を筆頭に連休中でも移動者が極端に減少して，前年比の 8 割を超える減少率が持続した。いわゆる法的規制がなくても，極端な外出自粛を続けた原動力は何か。それは，個人を取り巻く家族，地域社会，学校，職場などにおける集団感染への恐怖が内面化されていたからである。諸外国の死亡率の高さが，日本人のリスク感覚を研ぎ澄まし，自発的な外出自粛行動を促したと理解される。

このように，新型コロナウイルス感染防止のための外出自粛にとって，法的規制しか方法がない国もあれば，相対的に同質性が高い日本のように法以外の社会規範が健全に作動した国もある。

経済原則だけに照らせば，アベノマスクだけではなく，10 万円の「特定定額給付金」やその他の企業支援金や学生支援金をいくら合計しても，この自粛期間における国民の経済的損失が十分に補われることはない。なぜなら，都市では自由な個人による移動が社会圏を拡大して，その結果「動的拡大から得られる利得」

（ジンメル, 1903＝2011：15）が増大するからである。コロナウイルス感染予防として，政府によって「動的拡大」が極度に制限されたのが「外出自粛」期間であり，国民の大半が「利得」ゼロでもがまんして暮らした。

このように，個人行動は経済活動だけではない。国からの「お願い」に呼応する形で，自分の健康と社会の安全のために自主的な外出自粛を国民は受け入れてきたのである。この背景には良くも悪くも同質性を基盤とする日本人の過同調性が想定でき，その延長線上にリスク回避という「目的合理的行動」が普遍化した。

そして，いささか早まった緊急事態宣言の解除により，今度は利益を求めて，我慢していたすべての経済活動が再燃した。消費も活発になり，利益を目指した過同調の行動が全業種や各世代で目立つことになった。

こうなると，第二波第三波を受けた近未来の緊急事態宣言は，同質性があるとはいえ，もはや国民の外出自粛には直結しないであろう。国家によりそのリスク規範が除去されたので，国民間にはリスクへの不安よりも利益への希求が強くなり，こちらの軸に過同調が移ったからである。したがって，国民全体での外出自粛は期待できない。リスク回避よりも当面の利益を重視した「価値合理的行動」が蔓延するからである。

2. 二つ目は，緊急事態宣言とその解除に使われたいくつかのデータの質の問題がある。当初から日本では PCR 検査数が少なかったから，諸外国と比較すると陽性患者数もその死亡者数も著しく少ない。たとえばアメリカの人口は約 3 億 2700 万人で，日本の人口は約 1 億 2700 万人だから，大雑把にみて 2.6 倍の人口数の違いが日米にはある。しかし，感染死亡者数ではアメリカが

12.5万人に達したのに対して，日本では985人程度にとどまっている(6月28日現在ジョンズ・ホプキンズ大の集計)。

アメリカではその人口のうち251万323人が感染したので，感染率は0.77%であった。一方，日本の感染者は1万9179人であり，感染率は0.02%となった。アメリカの感染者に占める死亡率は4.98%，日本のそれは5.14%と算出される。

しかし，次のような疑問がただちに生まれる。厚生労働省発表による2018年の死亡者総数は約138万人であったから，季節の変動を無視すれば単純平均で日本では1月の死亡者が11.5万人になる。そのうち少なくとも5年前から，肺炎(インフルエンザ，誤嚥性肺炎などを含む)が原因で死亡する人は全体の10%前後で推移してきた。そうすると，大雑把に言えば肺炎で亡くなる人は1か月で1万1500人になり，3か月では3万4500人に近い。

PCR検査が極端に限定されてきた日本では，3か月で900人がコロナウイルス感染による肺炎や多臓器不全で亡くなられたことは事実だが，同じ時期の3万4500人程度に想定される肺炎や多臓器不全死亡者のうち，どれくらいの人々が陽性であったか陰性であったかの判別は不可能である。その意味で，PCR検査数が少ない国と多い国の死亡者数や死亡率を簡単に比べて論じられないことが分かる。

3. 三つ目の言葉として，コロナウイルスとの共生を含む「新しい生活様式」があげられる。5月初旬に専門家会議が提唱した内容は，①一人一人の感染症対策，②日常生活を含む上での基本的生活様式，③日常生活での各場面別の生活様式，④働き方の新しいスタイル，に分けられている。

しかし，社会学で40年前から積極的に議論されてきた「都市的生活様式」論では，専門家会議のいう個人の生活様式とともに，個人へのサービスを提供し，生活様式を支える専門機関の機能までも含めてきた。留意点は，都市には「密集」と「速度」という特徴があるので，専門機関サービスには「時間厳守，計算可能性，厳密さ」(ジンメル，前掲論文:7)が不可欠になるところにある。

住民ないしは国民の相互扶助や協力は生活者個人の日常的に反復された行動パターンを意味するので，専門家会議による①②③④すべてがここに該当する。そして都市における「密集」を前提としつつも，3密を避け，レジに並ぶにしても，公共交通機関を利用する際にも，食事の際の横並びでも，個人行動に関わる「新しい生活様式」は，住民の相互扶助や相互協力が軸となる。

同時に，テレワークや通販それにテイクアウトにしても，個人へのサービスを提供する専門機関の存在は欠かせない。なぜなら個人の生活様式の大半は「消費」と「交流」になるからである。これらは企業(製造，流通，販売)，行政，学校，医療機関，福祉施設，警察，地域団体などが支えざるをえない。それは分業を前提とした「速度」のあるサービスの提供システムの構造をとる。このいわば公と民を問わない専門機関による素早い専門的サービスの提供が，もう一つの都市的生活様式論を構成する。

専門家会議提唱の「新しい生活様式論」を検討すると，個人の生活行動面では詳しいが，サービスを提供する専門機関としての企業(製造，流通，販売)や学校や医療機関などの行動面への配慮が欠如していることに気が付く。

最後に「新しい生活様式」の事例として，全国知事会で3月に提起されて5月にかけてやや盛り上がった9月入学への制度移行を取り上げる。これこそ「新しい生活様式」を象徴する制度設計による専門機関サービスと思われるが，5 月 31 日に安倍首相自らがはやばやと却下の結論を下してしまった。

デメリットとしてあげられる教育現場の負担増，変則的学年編成，教員不足，各種試験時期の変更，企業の新卒採用時期，会計年度の変更などの審議を同時進行するのは面倒なのか，能力不足か。都市的生活様式の原理に一つにある「計算可能性」に照らせば，想定される困難を具体的に「計算」して，5 年がかりで解決できるのではないか。

このわずか 2 か月での却下という判断にも，専門機関で働く専門家の「見識，情熱，責任感」の欠落を感じ取る。ウェーバーのいう「職業としての政治」におけるこの指摘は，政治家だけではなく，行政を含む職業人すべてそして国民全体にも等しく当てはまる真理ではないだろうか。

Durkheim, E., 1895, *Les Règles de la méthode sociologique*, Press Universitaires de France. Paris.（＝1978 宮島喬訳『社会学的方法の規準』岩波書店）

金子勇, 2000,『社会学的創造力』ミネルヴァ書房

金子勇, 2013,『「時代診断」の社会学』ミネルヴァ書房

金子勇, 2018,『社会学の問題解決力』ミネルヴァ書房

Simmel, G., 1903, “Die Grosßtädte und das Geistesleben,” *Die Grossstadt*, herausg. von Th. Petermann, Dresden.（＝1978 松本通晴訳「大都市と心的生活」鈴木広編『都市化の社会学』〔増補〕: 99-112)。（＝2011 松本康訳「大都市と精神生活」松本康編『近代アーバニズム』日本評論社 : 1-20）

Weber, M., 1921, “Politik als Beruf,” *Gesammelte politische Schriften*, München.（＝1962 清水幾太郎・清水礼子訳「職業としての政治」『世界思想教養全集 18　ウェーバーの思想』河出書房新社 : 171-227）

は　　行

82. 馬鹿とはさみは使いよう

英　Fools and scissors require nice handling.

仏　Louez un imbécile et vous pouvez le rendre utile.

日本語と英語では同じ単語と文章になる。馬鹿(fools)，はさみ(scissors)が使われる。これらはともに適切な扱いを必要とする。そうすると，役に立つこと請け合いである。同じ相手でも使う方が上手ならば，予想以上の成果を得る。逆に使い方が下手ならば，何も生み出さない。

一方フランス語では，はさみは出てこない。馬鹿(imbécile)をほめて，役に立つよう(utile)に仕向けられるようにする(rendre)と表す。louez は louer(ほめる)の命令法現在形。直訳的には，「馬鹿をほめなさい，そうすると役に立つようになるよ」となる。

人を使うには使う側の能力が重要である。使いこなせないと，せっかくの逸材も単なる石ころになる。1964 年の東京オリンピックの時に中学 3 年生だった私は，9 人制バレーボールの前衛のセンターを受け持っていた。1 年生 2 年生の時のチームは市内 4 中学校で一番弱く，市内大会でいつもビリであった。

ところが大学を卒業したばかりの体育の教員が 3 年生の 4 月に着任され，なぜか男子バレーボール部の顧問になられた。それから 7 月末までの 4 か月間，放課後の練習の質が格段に高まり，2

年生の時と同メンバーの3年生チームが市内大会で優勝した。

同じ選手9人が顧問の指導の下に，練習を積み重ねて4中学校のビリから抜け出て優勝したことは，幼な心に指導者の器の重要性を教えてくれた。後年社会学を専攻して隣接の集団力学で彫琢されてきたリーダーシップのPM理論に出会い，指導力には実行性(P)と統率性(M)があることを学び，中学校バレーボール部での優勝の原因を高度な実行性(P)にあったと痛感した。

「使いよう」は使う側の能力や技術次第である。安物の筆でも，「弘法は筆を択ばず」(“A bad workman complains of his tools.”)だから，書道の達人ならば立派な文字が書ける。もちろん旧式のパソコン，スマホ，クルマでも，使い方によってはいい働きをする。

83. 馬鹿に付ける薬はない

英　There is no cure for a fool.
　　No medicine can cure a fool.

仏　A laver la tête d’un âne, on perd sa lessive.
　　Il n’y a pas de remède a la bêtise.

日本語と英語では「馬鹿」(fool)が使われるが，フランス語では馬鹿(fool)というよりもロバ＝愚か者(âne)が使われる。

日英では薬(medicine)を使うが，フランス語では洗剤(lessive)を用いる。また，愚か者(âne)に対応する英語はstupidである。ちなみにfoolに対応するフランス語はidiotになる。さらに愚か者の頭を洗うという文章として，それは洗剤の浪費とまとめられている。

なお，âneはロバ(donkey)でもある。laverは洗うで，la tête d'un âne は愚か者の頭，perd は perdre（失う，浪費する）の直説法現在三人称単数形。もう一つの文章は，「馬鹿（la bêtise）を治す（remédier）ことはまったくできない」と訳す。

常識や知性に乏しい人を馬鹿（fool）や愚か者（stupid）という際には，小さな英語辞典でも ‘slow-thinking’（頭の回転がのろい）とも説明されている（*Idiomatic and Syntactic English Dictionary*: 1085）。

ただし解釈次第では，ここにいう馬鹿を「常の人で，道理が分からず，思慮に欠けている者」（金子，続評釈:232）と限定する説明もある。確かに，日常のなかで散見されるこの手の人間には，「つける薬」などはない。このことわざはむしろ「絶望の表現」なのだから。

常識を増やしたり，知性を磨くためにも薬はない。本人が自覚して世間の常識（common sense）を学び，本を読み，優れた教師や友人との会話や意見交換などにより，獲得するしかない。それは自分を鍛えることから始まる。

なぜなら，「類は友を呼ぶ」（“Like attracts like.”）からである。知的関心レベルや興味の対象が違うと，話題が異なり，どちらも楽しくなくなって，その関係は長続きしない。

たとえば，禁煙者と喫煙者がたばこによる健康被害について激論交わしても，いずれは嫌になり，喫煙者同士，禁煙者同士のグループができやすい。

関連することわざに「54　朱に交われば，赤くなる」がある。

84. 馬鹿は死ななきゃ直らない

英　Only death cures a fool.
仏　Il mourra dans la peau d'un imbécile.

ここでも馬鹿が登場するが，つける薬がないために，「死ななきゃ直らない」と日本語表現されてきた。これもまた江戸期から使われてきた(『図説ことわざ事典』)。日本語と同じく英語表現でもその英文を直訳すると，「死のみが馬鹿を直す」となる。

一方フランス語表現では，mourra は mourir(死ぬ)の直説法単純未来が使われている。dans la peau de は「〜の立場で」を表す定型表現。un imbécile は「馬鹿」だが，ここでの un は「一人の」ではなく「総称として馬鹿というもの」を意味する。直訳すると，「彼は馬鹿という立場で死ぬだろう」となる。

一般に，人間を治療することはその人の健康を回復し，元の役割を担える活動可能な状態に戻すことである。加えて，貧困，飲酒癖，怠惰などの救済手段を提供することでもある。それらで苦しむ人間の救済にも cure は使われる。人間の病気，半健康，苦悩など，さらに食材が傷まないように，塩や煙や乾燥などで予防したり，その状況を好転させる際にも cure が使用される。

それほど広い領域をカバーする cure でも馬鹿の治療には使えず，もはや死ぬしかないといっている。"There is no art that can make a fool a wise."「愚者を賢くするすべはない」とは，金子(続評釈:232)で使われたことわざである。

日常的現実では，薬や食生活や運動療法などでいったんは血糖値が改善されても，自覚的にそれらを続けなければ，たちまち元の木阿弥すなわち元の状態にもどってしまう。

貧困や飲酒癖でもいったんその状態に慣れると，それなりの安定感が得られるようで，なかなか抜け出せない。生活保護ならば行政の担当者，飲酒癖なら主治医がいろいろアドバイスはしても，脱出への道は遠い。そんな時「親密な他者」の一言が現状打破のきっかけになることが多い。そのためにも一人でいいから，「親密な他者」を若いころから持っておきたい。

85. 花より団子

英　Bread is better than the songs of birds.

仏　Préférer l'utile à l'agréable.

> 日本語では「花と団子」だが，英語では「パンの方が小鳥のさえずりよりもいい」となる。目や耳への心地よさは腹を満たした後か。
>
> フランス語ではもっと一般的な表現になり，l'agréable(心地よいもの)より l'utile(役に立つもの)を好むとされる。
>
> préférer A à B で「B よりも A を好む」と訳す。

『仏和大辞典』(:56)では，例文として "joindre l'utile à l'agréable"「花も実もある(ようにする)，趣味と実益を兼ねる」も紹介されているが，一般的には「花，小鳥のさえずり，心地よさ」グループよりも，「団子，パン，役に立つもの」が優先される。文章中の préférer は l'utile(有効性)を求めるが，joindre を使うと，l'agréable(快適性)に l'utile(実用性)を加えることを意味する。しかし，まずは食欲を始め身近な欲求を満たさないと，人間は何もできないし，しようとしないことは事実である。

仕事や学業について社会的な役割を持ち，毎日を規則正しく暮らすには，無数の欲求のうち，生命維持，活動の源泉，社会関係資本など身体が欲しがるものを優先して取り込む。大多数の人間は，生まれてから定年制などによる社会的な引退までそれを日常とする。2015 年国勢調査で男性の生涯未婚率が 25% 程度，女性のそれが 15% くらいだが，多くの日本人は結婚後に子育てしてきた。子どもを育てるにも各種の欲求充足が必要になる。

そのうちに加齢により，「団子やパンや役に立つもの」と同時に，「花，小鳥のさえずり，心地よさ」にも目が行くようになる。中年期以降で少し余裕がでればなおさらである。そこには音楽，絵画，彫刻，スポーツ，外国語などの世界が待っている。

それらに接しても，直接何かに役に立つというわけではない。歌っても，楽器を練習しても，プロには到底及ばない。ひたすら聞いて楽しむ。絵を書いても彫刻や毛筆字を習っても，事情は同じだが，これらをやろうという国民は少なからずいる。すなわち，個人の一生涯では “joindre l’utile à l’agréable” のバランスを，程度の差は大きいにしても無意識にとろうとするのではないか。

86. 早起きは三文の徳

英　The early bird catches the worm.

仏　A qui se lève matin Dieu aide et prête la main.
　　Heure du matin, heure de gain.

日本語では主語はなく，早く起きることは(誰でも)得をすると表現する。英語では早起きの鳥が主語であり，えさになる虫を捕らえることが「三文の徳」になる。
　フランス語では「早く起きる人」が主語であり，それを神(Dieu)が助けて，手(main)を貸す(prêter)と表現する。prête は prêter の直説法現在三人称単数形。もうひとつは，朝(matin)の時間は，もうけ(gain)の時間という。

『図説ことわざ事典』(:553)では，「早起き」は「手に黄金」，「口に金貨」，「黄金の獲物」をもたらすということわざが紹介されている。朝は何かにつけて時間の有効利用ができるので，「遠くまで行く」，「多く持つ」という結果が得られる。もちろん自分の仕事も捗る。いずれも「三文」以上の利益やもうけが期待される。

金子(続評釈:6)では，「朝起千両」として紹介されている。すなわち，「三文」が最も低額であり，そこから「三両」を経由して「千両」に届く。それに付随して，「七つの徳あり」や「富貴の基」が指摘される。稼ぐのだから，働き時間も関係していて，早く起きると能率的に長く働けるが，遅く起きればそうではない。ここには「朝起千両，夜起百両」も登場する。

日常生活でも，起きてから 8 時くらいまでは電話もメールも来ないので，自分の時間として有効活用が可能である。ただし，この朝型は低血圧の人には向かないらしい。早く起きてもすぐに動ける体調になりにくいからだ。

私は高血圧型なので，「朝型」の実践者の一人である。筋トレをした後で，1 時間くらいをライフワークに充てる。1980 年代はコミュニティ研究，1990 年代は高齢化研究，2000 年以降は少子化研究をその時間内で行った。並行して，講義の合間や夜の時間は，自分で設定した締め切りのあるテーマについての原稿執筆に使った。

朝型を好意的に表現する類似の文章に，「朝飯前」があるが，ここでは区別しておきたい。多くの場合，これは簡単である(easy)と同じ意味で使われるからである。英語では，“Nothing could be easier.” フランス語でも “C’est un travail très facile.”「それはとても簡単な仕事だ」。

ただし，何事も続けることは簡単ではない。

87. 必要は発明の母

英 Necessity is the mother of invention (success).
仏 Nécessité est mère d’industrie.

日英仏語すべてで同じ表現と単語(母，mother，mère)が使われている。ただフランス語の industrie は英語の industry(the quality of working hard)とは違って勤勉性を表さない。application が勤勉性を表すが，もちろん英語でもこの意味がある。とくに，invention は勤勉性の結果として得られやすいから，the mother of invention(発明の母)と mère d’industrie(工夫の母)として区別しておこう。

発明でも成功でも必要があるところからいきなり登場する。発明は個人や社会のニーズから生まれる。カップヌードル，ごきぶりホイホイ，筆ペン，シャチハタなどは社会的に求められていたから個人や企業が生み出した。もちろんその根底には発明者の地道で血のにじむような苦労がある。横浜の赤レンガ倉庫近くにある日清製粉の「安藤百福発明記念館」(CUPNOODLES MUSEUM)に行けば，チキンラーメンとカップヌードルに至る苦労がしのばれる。

現在の世界的大企業の創設者の伝記や自伝はそれを教えてくれる。ブリヂストンの創設者石橋正二郎，パナソニック(旧松下電器)の創設者松下幸之助らの人生から，私たちは勤勉性とイノベーションの関連を学べる。

もちろん日本の人文・社会系の学問の分野でも同じであり，『大言海』の大槻文彦，『熟語本位英和中辞典』の斎藤秀三郎，『英和活用大辞典』の勝俣詮吉郎，百冊以上の社会学と経済学，それにエッセイと和歌の単著を出した高田保馬などの空前絶後の業績には心から敬服する。いずれもその時代で国家的にも国民からも求められていた作品群である。協力者の存在はもちろんだが，長期にわたりほぼ独力で達成された金字塔でもある。

石橋正二郎, 1970,『回想記』非売品
高田宏, 1978,『言葉の海へ』新潮社
金子勇編, 2003,『高田保馬リカバリー』ミネルヴァ書房

88. 人の噂も七十五日

英　Nine day’s wonder.
仏　Les médisances ne durent jamais bien longtemps.

日本語では75日かけて消えるとされているが，厳密な期間ではない。数か月というところか。

英語では9日間と表記される。調べてみると，この9日間は誕生した犬や猫が視力を得る期間のようである

(篠田, 1956; 大塚編, 1977)。詳しく書けば, "Something that attracts attention for a short time and is then forgotten."

フランス語では,「人の中傷は決して長くは続かない」と表現される。フランス語の médisance は英語の中傷 (malicious gossip) であり, 噂ではないところに, 文化による違いが歴然だ。ne durent jamais で,「けっして続かない」。

どこの国でも噂は立つものであり, それは必ず尾ひれを伴っている。しかし, 根拠があれば別だが, 単なる噂程度では長続きしない。なぜなら, 噂は真偽(true or false)のほどが判断できないからである。日本ではなぜ「75 日」なのか, 英語ではなぜ "nine day's wonder" かが, 私も長い間分からなかった。

これは「48　三人寄れば文殊の知恵」と "Two heads are better than one." に匹敵する疑問であった。

いくつかの辞書で見つけたが, 9 日間は誕生した犬や猫が見えるようになるまでの期間という解説でも, 半信半疑であった。それ以外の説明では, 英語辞典にも必ず掲載されている "A cat has nine lives."(猫には九つの命がある→長寿)と(「九牛の一毛」の「九牛」→多数の牛)という事例であった。

すなわち九は数字の九ではなく, 長いあるいは多いという数の象徴という解釈である。そうすると, このことわざの意味は, うわさはしばらく続くが, それでも次第に忘れられる, というところを強調していることになる。

『図説ことわざ事典』(:572)でも「実際にある事やあった事を指

すものではなく，ことわざ特有の長さを示す言い方」とまとめている。*Longman Dictionary of Contemporary English* では “A thing or event that makes people very excited for a short time.” と書いている。

89. 火のない所に煙は立たぬ

英 No smoke without fire.
仏 Il n'y a pas de fumée sans feu.
なお，「火に煙はつきものである」という逆のことわざもある。
英 No fire without smoke.
仏 Il n'y a point de feu sans fumée.

日英仏語ともに同じ単語(火，煙)と文章になっている。火＝fire＝feu，煙＝smoke＝fumée。「火がなければ，煙も出ない」，あるいは「煙がなければ火もない」という否定形の連続による構文である。Il n'y a pas de は，～がない。

事件や出来事には必ず原因がある。何らかの事実がなければ，噂にはならない。斎藤(中辞典:455)では，「風説あれば，何か知ら事実があるもの」とした。同時に “There is no fire without smoke.”「一利あれば一害あり」の紹介もあるが，通常は既述の訳ないしは「煙があれば火あり」とも訳す。

試験の際のカンニング摘発でも，受験者が不自然な行為をするから，監督者がおかしいと考えて，注視する。あるいは隣の受験者がその行為に気が付く。その結果，カンニング行為がばれて，現行犯でつかまる。

芸能界の覚醒剤汚染者でも，日頃の言動や態度から気が付かれ，麻薬取締官や警察により秘密裏の捜査がなされて，確実な物的証拠が得られてから，逮捕される。ガセネタであれば，人権問題として大々的にたたかれるから，当局の秘密捜査は念入りになされる。その割に政界のスキャンダルや行政の法律無視には鈍感な面もあるようだ。

児童虐待でも，その当初は隣人が子どもの泣き声に気が付く，小児科医が子どもの診察時にたばこによるやけどを発見する，コンビニで菓子パンを盗んだ児童を捕まえた店長がネグレクトを疑うなどから，児童相談所が知るところになる。

そのような体験を踏まえて，児童相談所へ電話連絡しても，話し中が多いために，児童相談所への正常接続率は2017年で20%程度しかない。それでもそこから子どもの命が守られる活動が始まる。

噂はその出所が不明であっても，正しいか間違っているかの区別がされないままに，人から人へと伝播する。ただし，何の根拠(火)もなければ，次第に伝播力が弱まり，やがては消滅する。これは「88　人の噂も七十五日」に該当する。逆に少しでも火種が残っていれば，くすぶり続けて，別の証拠が見つかったとたん，大炎上する。

90. 覆水盆に返らず

英　It is no use crying over spilt milk.
仏　Inutile de pleurer sur le lait versé.

日本語では「水」をひっくり返すが，英仏語ではそれがミルク(milk=lait)となる。日本語では「水をこぼしたら，元通りにはならない」というだけで，「泣く」という感情は書かれていない。しかし英語では‘cry’，フランス語でも‘pleurer’という「泣く」が等しく使われ，しかも文章の組み立てが同じである。人に対しても，自分だけの行為であっても，ひとたびしたことは取り返しがつかない。

なお inutile は「役に立たない」，versé は verser（ひっくり返すの過去分詞）である。

『大言海』(:1782)では，「妻一度，離縁シテ，夫ノ家ヲ去ラバ，再ビ返ルコト能ハズノ意」とされる。

いったん離別した夫婦は元通りにはならない。故事でも，妻が夫に愛想をつかして離縁したが，夫の地位が上がると，復縁を求めた。しかし，その元夫は盆の水を傾けて水をこぼし，その水を元通りにしたら希望に応じようとしたとある。

このことわざは夫婦関係だけではなく，友人関係や仕事でのつきあいでも同じように当てはまる。人間の関係では何よりも慎重さが重要であると教える。礼儀をわきまえて，常識を忘れずに，敬語も含めて言葉遣いにも気を付ける態度こそが，あとで「泣かない」ために必要な条件である。

また，人間関係だけではなく，これはひとたびしたことは取り返しがつかないことも意味する。交通事故を起こしたり，試験でカンニングをしたり，万引きしたり，覚醒剤を使用したりしたら，社会的にも身体的にもつらい結果が待っている。社会規範に従い，水を簡単にこぼさないように留意した生活態度こそが老若男女に求められる。自分だけのことならやり直しもできるが，対人関係では非常に難しいことを自覚したうえでの付き合いが重要になる。

91. 不言実行

英　Deeds, not words.
仏　Il parle peu, mais il agit.

> 日本語では主語はないが，英語になると「実行だよ，言葉じゃないね」という文章で，述語は「実行」として明記されている。
> フランス語では，英語の文章とは配列が逆転して，「彼は寡黙だが，実行する」となる。parle は parler (話す)の直説法現在三人称単数形，peu は少しで，英語の little に対応する。agit は agir(実行する)の直説法現在三人称単数形であり，英語の act. 要は黙って実行することである。

1970 年にビールの宣伝で，「男は黙って～ビール」というセリフが人気を博したことがある。余計なことは言わずに，おいしいビールを飲もうというわけだ。

受験勉強でも学問でも仕事でも，いずれもその目標達成のためには努力しかないが，その目標や途中経過などを他者に話してしまうと，自分の緊張はほぐれるが，話したことで安心感や満足感が得られる。結果的には何も実行しないままで目標が達成されなくなる。

言葉自体は重要だが，発話しても実行に結びつかないと何も得られない。その他の，英語表現では，“Actions speak louder than words.”「行いは言葉よりも雄弁である」もあり，やはり ‘actions’(実行)の重要性が強調されている。

中には満座の中で目標を公言して，その経験をばねとしたり，多数の視線を感じることで，目標の達成を図る人もいるが，これは少数派である。

論文を書く，本を出版する，オリジナルの音楽 CD を自主制作する，TOEIC の得点を 100 点あげるなどの目標を見つけたら，「男は(女は)黙って，～」による生活態度により，その達成を目指したい。その意味で，これは「49　静かな川は深い」“Still waters run deep.” と関連が強い。

斎藤(中辞典:290)では，“true both in work and deed” が紹介され，「言行共に(誠実など)」とされているが，‘word’ の誤植か。

92. 不幸は重なって起きるもの

英　It never rains but it pours.
　　Misfortunes never come single.
仏　Un malheur n’arrive (ne vient) jamais seul.

日本語では「不幸が重なる」と一般的な意味での文章になるが，英語では雨が事例とされ，「雨がどしゃ降り」に象徴され，周知の「降ればどしゃ降り」と訳す。また，「78　二度あることは三度ある」にもこれを使う。

標準的な単語を使えば，misfortune(不幸)は続く(重なる)ものになる。なお，「泣き面に蜂」もこの表現になる。

フランス語ではこの英語と同じく，不幸(malheur)が主語になり，単独(seul)を否定する形の文章になる。不幸は単独では決して起こらない(n’arrive jamais seul，あるいは ne vient jamais seul)。これを「泣き面に蜂」と訳すこともある。

結局，「単独では起きない」を述語とすれば，英仏語ともに同じ単語と文章になる。

農業でも都市生活でも雨は欲しいが，災害をもたらすようなどしゃ降りでは困る。水不足が解消されても，河川の堤防が決壊すれば，元も子もない。夏が涼しければ，それは快適だが，夏物商品が売れ残り，稲の生育が悪くなる。とかく自然現象も社会現象も困ったことが連続して発生する。

周知の国民総生産の計算式では，たとえば害虫駆除薬が売れるほど，その増大に寄与することになるが，社会生活面では害虫が発生しないほうが快適性も維持される。他にも，「地球環境に優しく」と同時に「人に優しく」が言われて久しいが，むしろ「人に厳しく」しないと，ごみのポイ捨てや産廃の不法投棄などは無くならないだろう。

また，身近な試験や原稿の締め切り直前に体調が悪くなることは誰にでもある。自分の病気と家庭の不幸がいっしょになることも珍しくない。親の危篤，逝去，葬式などと自分の定年行事が重なる。

義務教育児童や高校生や大学生に良かれと思い実施した「ゆとり教育」により，遊ぶ時間が増えて，勉強意欲をなくし，学力が低下した若者が多い。知らず，学ばず，調べないような生活態度では，「ゆとり」など得られようもない。就活競争に負けて，選択肢が狭くなり，余裕とは無縁の時間に追われる職業人生になる。さらにその職種が時代に適合しなければ，倒産して自らも失業するという「泣き面に蜂」も珍しくなくなる。

93. 下手な薬はかえって毒

英 The cure (remedy) is worse than the disease.
仏 Le remède est pire que le mal.

日本語では「下手」を使って，薬を区別した後で，「下手な薬は毒になる」とする。しかし英語では，直訳的には「治療は病気よりも悪い」となる。cure は「治療」だが，remedy 同様に「薬」という意味もある。disease は「病気」。

フランス語でも，「薬のほうが病気よりも危険だ」と表現する。pire は mauvais の比較級(より悪い)。le mal はここでは「悪」ではなく「病気」を指す。なお，英語で remedy を使えば，英仏語は全く同じ単語と構文になる。

remedy で有名なことわざは，“The remedy is worse than the evil.”「角を矯めて牛を殺す」であろう。それと同じくらいこのことわざも使われる。

さて，ここでいう「下手な薬」とは「症状に効果のない薬」のことである。英語では有効な(effective)を否定して，効果のない(ineffective)があるが，もう一つの効果のない(inefficacious)も使われる。効果を出すには適切な診断に合った薬を選び，しかも適量を処方する力量が求められる。同じ症状を示していても，患者の年齢，男女差，既往歴，持病などを総合的に勘案する力量が医師には必要になる。

社会現象でも同じことが言える。児童虐待には多くの共通する背景がある。親の失業，貧困，精神的疾患，祖父母との距離感，地域的孤立などがその共通要因に含まれる。児童相談所の児童福祉司はこのような背景を意識しながら，「下手な対応」を避けるためにいろいろな努力をする。

虐待にあった幼児は母親が何歳の時に生まれたか。母親は20歳前の「特定妊婦」として，保健所や母子保健センターから特別に配慮されていたか。父親との関係は良好か。幼児の実父とは別れて，別の交際相手がいるのか。再婚していたのか。事実婚だったのか。これらを慎重に考慮しながら，虐待されている幼児のための介入を行うのである。なぜなら，「下手な介入」がむしろ事態を悪化させて，児童虐待死に直結する場合もあるからだ。

94. 骨折り損のくたびれ儲け

英 I gained nothing for all my trouble.
仏 J’en suis pour ma peine.

日本語では「くたびれ儲け」という独特の表現がある。骨折りも「損」であり，「くたびれ」も実際には「儲け」というよりも「損」であるから，日本語では二重に「損」を強調していることになる。

一方，英語では「すべての困難に対処しても全く得るものがなかった」とする。何をしても目的がはっきりしないとこれを感じる。

フランス語でも「私は無駄骨をおる」(直訳は，骨折るためにそこにいる)。peineは精神的な苦しみ，身体的な骨折り。

『大言海』(:1911)では「骨折損」を「益ノナキ労力。ムダボネヲリ。徒労」としている。日本語の「骨折り」は精を出して働くことを表現する。身体を使って仕事や活動をしても，そこから何も得られないことはよくある。精神的活動であっても同じだ。「くたびれ」は疲れだから，精を出した結果，疲れしか残らない。

しかし英語ではすべての trouble（困難）に対処して何も得られず，フランス語でも peine（身体的な骨折り）だから，少しずつ言語表現に特色が加わっている。

学生指導でも，推薦状書きでも，営業活動でも，選挙運動でもこれは日常茶飯事だ。学会活動や学内委員会や行政の委員会や審議会などで多忙の折に，学生から明日までに就職活動に使う推薦状を頼まれる。大事なことなので，無理して推薦文をまとめても，学生の大半はもらって当然という顔をする。

しかも後日その結果を知らせるわけでもない。大学の教師はこのような「骨折り損のくたびれ儲け」には慣れているといっても，就活の時期が重なるから，何通も求められて結構大変なのだ。

雑誌の特集論文でも，編集部から矢のような締め切り通知が来るから，やっとのことで脱稿する。しかし初校がなかなか来ない。問い合わせると，残りの二人がまだ未提出という。これでは精神的にも「くたびれる」。

ま　行

95. 馬子(まご)にも衣裳

英　The tailor makes the man.
仏　La belle plume fait le bel oiseau.

日本語では「馬子」(馬かた)が主人公に使われるが，英語では洋服屋(tailor)になる。フランス語では tailor は登場しないで，oiseau(鳥，bird)と plume(羽，feather)が用いられ，「美しい羽が美しい鳥を作る」とされる。もちろん英語でも“Fine feathers make fine birds.”という表現もある。

似た表現で違った意味のことわざもある。“Nine tailors make a man.”「仕立て屋は 9 人で男は一人前」(仕立て屋の弱さをあざけっていう)。

「馬子にも衣裳」の英語を直訳すれば「洋服屋が男らしさを作る」となる。人はその外見でいかようにも変貌できる。つまらぬ人間でも外形を飾ると，それなりに立派に見える。日本語では鳥や羽の事例はないようで，人形や藁人形と衣装の組み合わせになる。

衣装(衣裳)は取りあえず「身なり」を整えるために使われるが，その人柄と衣装(衣裳)が合わないことも珍しくない。スーツの宣伝にふさわしい人とジーンズの宣伝にふさわしい人は，同人物ではない。旧聞に属する話だが，ダーバンのアラン・ドロンとマンダムのチャールズ・ブロンソンは商品と俳優のイメージが合致したが，これを逆にしたら両者ともに失敗に終わっただろう。

外面の先には内面の「素晴らしさ」(英語の fine，フランス語の bel)も問われるようになる。一つは健康な身体と心である。fine は健康なという意味をもっている。人間の健康は顔色や目の表情で判断できる部分があるように，内面が外にも表れるのである。

さらにこの二つの言葉は優れた才能にも使う。いくら外見が立派でも，態度が下品であったり，口先だけのひとであれば，内面の「素晴らしさ」とは縁がない。

『広辞苑』などの大型辞書では，「馬子にも縕袍(わんぼう)」も収録されていて，これは「馬子にはどてらが似合う，分相応の意のたとえ」と説明されている。いわば「馬子にも衣裳」の反対の慣用句である。

96. 待てば海路(かいろ)の日和あり

英　Everything comes to those who wait. (to him who waits).

仏　Tout vient à point à qui sait attendre.

日英仏ともに，待つ＝wait＝attendre が使われるが，海路は日本語でのみ登場する。日本語は海と天気の関係で説明するが，英語では主語が everything(あらゆること)になり，フランス語でも同じく tout(すべて)になる。そして「待つことのできる人は一切がうまくいく」とする。sait は savoir(知る)の直説法現在三人称単数形で，これに不定詞がつくと，～することができる。attendre は待つだから，「待つことができる」となる。

焦らず急がず，時期を待てば，必ずことを起こすにふさわしい時がくる。確かに「急(せ)いては事を仕損じる」“Haste makes waste.” やフランス語では “Vous ne perdez rien pour attendre.”「いつか痛い目にあう」ではある。

日本語では，「海路」よりも江戸時代では「甘露」が多かったという(『図説ことわざ事典』:644)。大正時代以降は「海路」になる。

しかし一方では，「待つ身は長い」し，「待つは憂いもの辛いもの」でもある。さらに言えば，英語の別表現にあるような，“After a storm comes a calm.” ではあっても，実際には大嵐の後ならば，河川の氾濫や山崩れそれに床下浸水や床上浸水による被害が多発している。そのため，calm(静穏な)状態とは程遠い。

そのために，ただ待ち続けても何もない。なぜなら「海路の日和」が得られないからだ。待ち時間ばかりが空しく消えていく。現代は，このような待つだけの「他力本願」を超えていく時代なのではないか。じっと座っていても，誰も何もしてくれない。目標を決めて少しずつ(peu à peu)やり始めることが現代を生きる人には必要な生き方だろう。

そのためのことわざもたくさんある。本書の「86　早起きは三文の徳」,「36　継続は力なり」,「13　遅くてもしないよりまし」,「44　先んずれば，人を制す」などは，力と励みを与えてくれるはずである。

97. 見ざる，聞かざる，言わざる

英　See no evil, hear no evil, speak no evil.

仏　Ne pas voir, ne pas écouter, ne pas dire.

英語では，see-not，hear-not，speak-not という

表現もあり，こちらだとフランス語と同じになる。また英語では例文のように evil を使うので，悪いことを否定するかたちになっている。
　日本語では人の短所を見ない，人の非難を聞かない，人のあやまちを言わないことに使う。日英仏語ともに見る，聞く，話すという動詞を順番に否定するのは変わらない。

多くは目，耳，口の順でふさぐ。その理由は短所を見ない，非難を聞かない，あやまちを言わないという戒めからである。
他人に対する批判や非難や悪口の戒めを「三猿」に託して表現する。ただしこの「三猿」は “the three wise monkeys” という訳になる。「賢い猿」が「見ない，聞かない，話さない」のである。日光東照宮の三猿は芸術品としても有名であるが，この言葉もよく知られている。
人間はコミュニケーションの動物でもあるが，その手段が話す，聞く，見るという行為にある。コミュニケーションを円滑に行うには，相手の表情をよく見て，その話をしっかり聞く。そのうえで自分の意見をのべることである。この三行為のうちどれが途切れても，いいコミュニケーションはできない。相手の話が理解できないならば，答えようがない。表面では服従するように見せかけて，内心では反抗するという「面従腹背」も見抜きたいが，それには相手の表情をよく見ること，話すそぶりと顔色を確認することが重要になる。
コミュニケーションには相手がいるが，一人の場合も目，耳，口はもちろん重要な機能を持つ。思考すること自体が目で見た情報を脳で処理して，言葉の翻訳に繋がる。耳で聞いた情報もまた同じように脳で処理される。視覚と聴覚からの情報の多くは合体しがちである。そして，あらたな情報発信は言葉を通して行われるから，口の出番が次に来る。

状況次第でうまくいかない場合もうまくいく場合もあるのは人間の常であろう。うまくいかない時の落とし穴を，三猿に託して表現した巧みなことわざといえる。

98. 三日坊主

英　A quitter. Soon hot, soon cold.

仏　Il se fatigue vite dans tout ce qu'il entreprend.

日本語の「三日坊主」とは，物事に飽きやすく長続きしないことである。

坊主はお寺の坊主ではなく，単なる人を指す。ただし，歴代の『広辞苑』にいうように，この「坊主」にはあざけりが混じる。

英語の'quitter'とは「簡単にあきらめてしまう人」である。特に三日なのではない。もう一つは「熱くなるのも冷めるのも早い」。

フランス語は丁寧に説明する文章である。se fatigue は飽きるで，vite はすばやく。entreprend は entreprendre(取りかかる)の直説法現在三人称単数形。dans は，～のなかで。直訳すると「かれは取りかかるものすべてにおいてすぐに飽きてしまう」となる。

『大言海』(:1995)では，「何事ヲナシテモ，三日トハ続カヌ程ニ，物事ニ飽キ易キ人ヲ，嘲リテ云フ語」とした。また，『広辞苑』でも第二版からは坊主を「親しみまたはあざけりの気持ちを含めて人を表す」と説明してきた。ただし英語では，“one who does not finish what he has begun, esp. one who gives up something that is a duty.”（*Idiomatic and Syntactic English Dictionary*: 868）とあり，特に「あざけり」は表現されてはいない。

「47　三度目の正直」も日常生活では頻繁に体験するが，「三日坊主」も負けないほどよく経験する。たとえばラジオ体操はよく考えられた朝に適した運動であり，中学生の夏休みでお仕舞にするにはもったいない。そこで中年以降の健康増進の一手段として取り組む人がたくさんいる。ただし，出勤前の 6 時半に 15 分のラジオ体操の時間を捻出するのは難しい。そこで録音して，仕事から帰ってきてから体操ということになるが，これもまた困難である。帰宅時間が定まっておらず，残業や夜の付き合いもほどほどにすると，ラジオ体操などの時間はもはや夜にも残っていない。みごとな「三日坊主」である。

定年後にパークゴルフを始める，ペットセラピーを行う，カルチャースクールに通い，語学，園芸，書道，絵画，写真，ギター演奏，カラオケをやり始めることも多いが，長くは続かない。

この理由は現役時代後半からの準備不足にある。ウォーキングでさえ，ただ革靴で歩けばいいというわけではない。靴箱の隅にあった埃にまみれた運動靴を履けば，始められるのでもない。なぜなら，続けるにふさわしい動機付けがないからである。

ギター演奏を再開するのならば，高校生の時に受験勉強のために，ベンチャーズバンドコピーを断念した悔しさなどを思い出して，本気で取りかかりたい。経済力の点では新しくやや高価なエレキギターを購入できるのだから，買い替える。運動靴なら，通勤時の革靴と同じ値段の高級運動靴に履き替える。

人間はケチなところがあるので，ただの運動靴や40年前のギターには気持ちを維持させる効果がないが，2万円の運動靴ならば，「三日坊主」ではもったいない。30万円のモズライトのエレキギターならば，続けようという動機付けが得られる。この先行投資こそ，「三日坊主」克服の唯一の処方箋になる。

99. 三つ子の魂百まで

英　The child is father of the man.

仏　Le caractère de l’homme se forme dans l’enfance.

> 日英仏いずれも個性的である。日本語では三つ子という年齢が記されているが，英語ではchild(子ども)であり，「子どもは大人の父である」という。これはワーズワースの言葉である。
>
> フランス語ではl’enfance(子どものころ)を使い，「人間の性格は幼児期に形成される」になる。英語と同じ“L’enfant est le père de l’homme.”もある。

『大言海』(:1996)では「浮世風呂」から「小サナ時分カラ，気儘八百ニ育テタ物ダカラ，云云」と書いてある。

日本語では「三つ子の魂」が，英語では‘child’が，フランス語では‘Le caractère de l’homme’が主語になる。日本語の「三歳」という限定は厳しいが，金子(続評釈:281)では，その漢文用例として「耳談続纂」の「三歳之習，至于八十」を挙げている。

要するに，人間が父母や先祖から受け継いだ先天性は人間の根幹になっているというものであり，いくら後天的に環境や学習で身につけても，この先天性が全部壊されるわけではない。

3 歳くらいになると，子どもの自我が目覚める。英語での主語である「子ども」が 18 歳まで，このことわざは該当する。そしてフランス語では「人間の性格」が主語だから一番幅広い。ただし「幼児期」がこれを補う。

いずれにしても子どもの「社会化」(socialization)は社会システムの最も重要な機能の一つである。幼児期までは，子どもが生まれた家族(子どもにとっては定位家族)の果たす役割が圧倒的に大きい。しかしその機能が壊れ始めていて，児童虐待(死)はその象徴になるが，本書の「9　氏より育ち」で，その原因や実情については詳論した。

ここでは「氏より育ち」で省略していた社会的事実を追加しておこう。それは児童虐待死が発生した家族の大半が，その事件の発生前に住居を変えて，居住地を移動していたという事実である。現代日本における直近の児童虐待死の事例でも，四国の観音寺市から東京都目黒区への移動，沖縄県から千葉県野田市への移動，岩見沢市から札幌市への移動のように自治体間の場合もあれば，札幌市東区から中央区への引越しに見るように，自治体内部の移動もある。

社会学による社会移動論の知見によれば，居住地を変わる地域移動では移った先の地域社会ではますます孤立が進むことがあるとされ，これは地域移動の「分離効果」として定式化されている。前の住居の周囲や近隣で虐待の事実が分かり，児相による保護や警察による逮捕が知れたので，新しいところに引っ越すというパターンである。前住地での関係を完全に切り離したいという動機づけからの地域移動だから，子どもが通っていた幼稚園や小学校への連絡は不十分であり，児相との関わりがあってもきちんとした説明をしないままに引越しをする。

すなわち，親族や近隣それに友人への連絡も行わないから，引っ越し先のインフォーマル関係は新しく構築できない。加えて，児相，自治体，保育園，幼稚園，認定こども園，小中学校などのフォーマル集団ないしは組織とも関連をもたないままの引越しになりがちだから，新しい居住地での「分離効果」がますます進む。いわばその「分離」を狙っての移動ともいえるが，必然的に移った先での孤立が深まる。そのような環境下で，親から日々虐待される「三つ子＝幼児」の苦痛や不安や苦しみはいかばかりであったろうか(金子, 2020)。

引っ越す前でも引っ越し先でも，孤立のストレスから親による児童虐待が繰り返される。そこには「三つ子の魂百まで」もなければ，「子どもは大人の父である」も見えない。子どもが親に殺害されてしまうのだから，「人間の性格は幼児期に形成される」ということわざにも無力感が漂う。

金子勇, 2016,『日本の子育て共同参画社会』ミネルヴァ書房
金子勇, 2020,『「抜け殻家族」が生む児童虐待』ミネルヴァ書房

100. 無駄をしなければ不自由しない

英　Waste not, want not.
仏　L’économie protège du besoin.

日本語の「無駄」が英語では waste(浪費)で，「浪費しなければ，欲望も起きない」。フランス語では節約(l’économie)で，「節約は欲求から身を守る」。

英語の want には need の意味もあり，フランス語の besoin が need に対応する。protéger du(de le) は，〜から守る。

社会学理論の準拠集団論や誇示的消費との関係でも，これは説明できる。「準拠集団」(reference group)とは，自分の現状の位置(職業，地位，身分など)ではなく，目標とする職業，地位，身分などに属する人々を指す。また，特定の個人を目標にすれば，「準拠的個人」(reference individual)となる。

たとえば芸能界にあこがれる女子学生が，芸能界特有のファッションを真似たり，関係者と付き合い，その雰囲気に浸る。歌手希望者ならば，好みの歌手の真似をする。バイトしてでも派手な格好をして，浪費する。また，甲子園に出場した高校野球選手がプロの強打者にあこがれて，そのフォームを取り入れる。

医学部学生が医師のような口をきいたり，医師が乗り回す高級車を親から買ってもらう。これらもまた財力も能力もないままに，自分が目標とする準拠集団や準拠的個人を意図して，作り上げた「浪費的なライフスタイル」である。

一方，ヴェブレンが『有閑階級の理論』(1899 年)で示した「誇示的消費」(conspicuous consumption)もまた，「浪費」や「無駄」を考える際には有益である。人間が消費をするのは食料や水それに日用品などの生活必需財はもちろんだが，時折は消費をする財力があることを見せびらかしたり，自慢するためにも高級財を購入する。たとえば軽四輪の車も売れているが，ベンツなどの高級車の販売も堅調であることの説明に「誇示的消費」が利用される。

なお，人間の基本的欲求(les besoins élémentaires de l'homme)は

昔も今も「衣食住」(l'habillement, la nourriture = le vivre, le logement = le couvert)であろう。

Veblen, S., 1899, *The Theory of Leisure Class*. (=2016 村井章子訳『有閑階級の理論』筑摩書房)

101. 無知は諸悪の根源

英 Ignorance is the parent of crime. Ignorance is bliss.

仏 Qui ne sait rien, ne doute de rien.

日本語と英語では無知は悪の源とされる。また英語では，諸悪の根源に parent を使うところに注意。別に，「知らぬが仏」という表現もある。

フランス語では，「何も知らないことは怖いもの知らずだ」という。ne rien…は，何もない。sait は savoir (知る)の直説法現在三人称単数形。ne doute de rien で「怖いもの知らず」(直訳すると，何も疑わない)と訳す。

無知ほど怖いもの恥ずかしいことはない。知性は磨かないと輝かない。知力こそが人生を支える。アナウンサーで地名を読み間違えると，その場でひんしゅくを買うだけではなく，一生の笑いものになる。日本の政治家で積丹と色丹の区別ができなければ馬鹿にされる。

かつて文部科学大臣が「人文社会系の学問は役に立たない」と公言して，ひんしゅくを買い，あわてて数日後釈明したうえで，発言を取り消したことがある。これも無知のなせる業である。そのとき私も含めて人文社会系の学問に携わっていたものは，大きくは二つのことを言いながら各地で反論した。一つは自然科学が役に立つというが，地震学が国民期待の地震予知にどこまで役に立ったかといえば，ゼロではなかったか。

大地震が発生するたびに地震研や防災研の教授がテレビに出るが，その大半は過去の地震が200年前，130年前，60年前に発生していたから，近く発生すると思っていたという非科学的なお話ではないか。中には古文書らしきものまで用意して，地震周期の説明で終始する。年間150億円の予算で至る所に地震観測地点を設けて，日々収集しているデータを活かした科学的にみて役に立つ予測といえるのかという疑問である。

もう一つは，日本の倫理学の歴史である。確かに明治期以来の倫理学はカントのドイツ語の言説をいかに正確に読み解き，紹介するかに力点があった。だからドイツ哲学の一部としておけばいいという大学や学部からの圧力があった。しかし，医学で脳死問題が登場した途端に，倫理学はその中心を担う学問になった。

脳死問題の医療面での専門家は脳外科の医師だが，脳死問題の先にある臓器移植の可否判断は医師だけではむずかしい。法律や心理学でも困難だ。そこで倫理学者の登場となったが，当初の10年くらいは「カントによれば」が使えない新領域に古いタイプの倫理学者は苦労したものである。その後は大学院時代から現実的な倫理学を目指して，脳死問題や臓器移植を手掛ける研究者が出るようになった。

このような学問の歴史をさかのぼると，文部科学大臣の「人文社会系の学問は役に立たない」発言がその無知を満天下に知らしめたことが分かるのである。

102. 無より有を生ぜず

英　Nothing comes out of nothing.

仏　Rien ne se fait de rien.

> 日本語では「無から有を生じない」としたり，「まかぬ種は生えぬ」ともされる。英語では「無は無から生じる」と表現して，フランス語ではする（fait は faire の直説法現在三人称単数形）を否定して，「何もしなければ何も作られない」と表現する。ここでの se faire は「作られる」。

社会学だけでなく，すべてに該当する箴言。社会システム論的にはインプットがなければ，アウトプットもないことをそれぞれの言語で表現している。インプットするのは広い意味の資源（resources）である。代表的には資金であるが，それによって建築資材を購入して，ビルというアウトプットを創り出す。クルマも数多くの部品を組み立てて完成する。

論文や著書もまた書きたいテーマに沿った資料，データ，調査結果を構想の中に融合させて，起承転結に留意して，決められた文字数や枚数の中で完結させる行為によって生み出される。インプット材料が乏しければ，それなりのレベルに止まるし，多すぎても並べ方がうまくいかないと，論文はそして著書もまた整合性を失う。

社会学では観察（observation）は事実を浮き彫りにして，調査（research）は事実の内容を精緻化する。この両者に思索（thinking）を合わせると，学術的な総合考察（study）になる。この思索は比較（comparison）と判断（estimation）を軸とする。一つの調査結果は判断の一素材にすぎないから，比較の方法はその判断素材を増やすうえでも重要になる。もちろん多ければすべてよしというわけではなく，むしろ一事例のみでの判断を避けようというのが比較法の趣旨にあう。ただし，インプットが無ならばなにもできない。

その延長線上に汎用性(general purpose)の問題がある。汎用とは特定化されず，部分的でもないという性質をもつ。

観察の原義は注意深く見つめるところにあるから，対象とする社会現象や社会的事実に対する能動的な働きかけが含まれる。調査はそれを導くための仮説を前提として，一定の予測を内包する。予測の適合性を判断するには，手持ち(有)のインプットを投入して，その成果としてのアウトプット(有)を検証することになる。

103. 無理が通れば道理が引っ込む

英　Might is right.
仏　Force passe droit.
La raison du plus fort est toujours la meilleure.

近代以降では「勝てば官軍」ともいうことわざである。英語では「力が正義」，フランス語では「力は権利に勝つ」として類似表現になる。またラ・フォンテーヌの「最も強いものの理屈が，常に最も正しい」ともいわれる。du＝de＋le であり，le plus は最上級を示す。le plus fort は「最も強い」となる。la meilleure も最上級で「最も良い」。toujours は，常に，いつも。

金子(続評釈:290)では，「『無理』は道理に合わない」，「『道理』は道理に合う」として，この両者間には「相容れないもの，両立しないもの」とある。さらに「道理を支えるほうの人間の力が弱ければ，道理そのものの力までも弱いと言える」とも書く。

日本の明治維新では，もともとの「官軍」は徳川幕府方の軍隊であったが，最終的には薩長土肥連合としての軍隊が勝利したので，「官軍」は明治政府側となった。負ければ「賊軍」といわれる。そのため日本での「勝てば官軍」は近代以前の文献にはみられない(『図説ことわざ事典』:188)。しかも辞典に必ず載るようになったのは「戦後とみてよい」(同上)。

しかし，「無理が通れば道理が引っ込む」は江戸期から盛んに使われてきた。英語でもフランス語でも「道理が引っ込む」のである。筋違いな言動が罷り通って正しいことが通らないのはどの世界にもある。夫婦間や親子間にも，学校の教室でも，会社ならば生産現場と販売担当の間でも「筋違い」は珍しくない。

政界や財界やマスコミ界では，「黒を白と言いくるめる」ことさえあるようだ。国際政治の世界でも軍事大国や経済大国の思惑が優先される。国連はもともと連合国(the United Nations)26か国の共同宣言に発したものだから，そこでも枢軸国(the Axis Powers)3か国以外の大国が仕切っているので，この3国がいくら多額の分担金を払っても，最終的には「力が正義」と同じ意味になる。そこでも「無理が通れば道理が引っ込む」事例が見られることがある。

104. 目には目を，歯には歯を

英　Eye for eye, tooth for tooth.

仏　Œil pour œil, dent pour dent.

日英仏語ともに単語も文章も全く同じ。ハムラビ法典にある言葉。旧約聖書の出エジプト記などにも見える。これを戒めたイエスの「山上の垂訓」でも有名。目＝eye＝œil，歯＝tooth＝dent.

凶悪犯を裁く際に，この格言を思い起こす人も多い。そもそも殺人をしておきながら，一人では8年前後，二人でも15〜20年くらいの判決しか出ないことに疑問をもつ国民は少なくない。三人殺せば死刑になるといわれるが，人の命を奪って8年では短いのではないかという不満は根強い。*Dictionary of Contemporary English*(2003)では，"An eye for an eye is no way to run a civilized justice system." が例文にあげられているが，日本でもこのような言質が多いのは事実である。

しかしあえていえば，業務上過失死や交通事故死などでは4年程度の実刑判決になる。これでは遺族としては裁判所に抗議もしたくなる。その時に思い起こされる判断基準がこの「目には目を，歯には歯を」という考え方である。人が誰かを傷つけた場合，その罰は同程度のものでなければならない，もしくは相当の代価を受け取ることでこれに代えることもできる。この内容を潜在的に支持する人は少なくない。なぜなら，一人の殺人が8年間の懲役で「相当の代価」になるとは思われないからである。

さらに完全な無力状態のわが子を虐待死させても，その親には10年程度の判決が下される場合が多い。これは「相当の代価」になるのだろうか。

子どもの社会化(socialization)は次世代を育てることなので，社会的にも極めて重要な機能であるが，それを果たせないどころか勝手に命を奪う「毒親」(toxic parent)が増えてきた印象をぬぐえない。

Forward, S., 1989, *Toxic Parents*, Bantam Books.（＝2001 玉置悟訳『毒になる親』毎日新聞社）

105. 餅は餅屋

英 Every man to his own trade.
Every man is most skillful in his own business.

仏 Si chacun fait son métier, les vaches seront bien gardées.

日本語では「餅」だが，英語では trade(熟練を必要とする職業，手職)になる。もう一つの英語でも，自分の仕事にかけては最も熟練者で‘skillful’となる。

フランス語表現では，le métier(熟練，仕事)を使う。si の導く従属節には未来形を用いない。だから直説法現在三人称単数形の fait になる。les vaches は雌牛。bien gardées で「うまく守れる」。seront は etre の直説法単純未来三人称複数形である。

誰でもが専門をもっている。仕事に関しては特にそれが当たっている。フランス語の直訳では，「各人が自分の仕事をきちんとやれば，雌牛の世話もうまくいく」になる。

どのような仕事でも長年やれば熟練者になり，専門性が向上する。大学院博士課程を出て学位を持っているだけでは専門性が上がらない。毎日の研鑽こそが専門性を高め，熟練度を上げる。すなわち，毎年論文を書き続けることである。

長く農業をやると，土の色を見ただけで土壌の状態が分かるという。ワインでは口に含んだ瞬間にその品質が判断できるソムリエがいる。

教育でも，簡単な書き取り試験でその生徒の国語能力が判別できる。「38　賢者は一を聞いて十を知る」ことが熟練者には可能になる。運動能力でも前転だけ見ればその人の力量が分かるし，一番だけを歌えば，上手いか下手かの評価ができる。

社会調査をさせると，回答者からの有効回収率が90%を超える学生と，半数くらいの回答者から断られる学生に二極化する。この両者間では，調査対象者への初対面の挨拶や話し方や全体としての雰囲気が違うのであろう。だから，調査に向いているかどうかはすぐに判断できる。

自宅で餅つきもできるし，ラーメンを作り，ステーキも焼けるが，専門店にはかなわない。日曜大工は不可能ではないが，業者ほどの精密性はない。熟練した技術には長年の経験が生かされているからである。天職(calling)とは言い得て妙な表現である。

や　行

106. 安物買いの銭失い

英 Penny wise and pound foolish.
仏 Les petites choses peuvent devenir grosses de conséquence.

日本語では江戸期から使われて，「いろはカルタに採られて伝承した」(『図説ことわざ事典』:707)。penny はイギリスの通貨単位で，1971 年 2 月より 1 pound＝100 pence(penny の複数形)。わずかの金を惜しんで，あとで大損する愚かさをいう。

フランス語では，「小さな取るに足りないことが大きな結果を引き起こす」と表現する。peuvent は pouvoir(あり得る)の直説法現在三人称複数形。devenir は変化する。grosses は大きな。conséquence は結果。

同じ内容ではあるが，各言語ともに微妙な表現の違いがある。日本語のイメージでは，スーパーの安売りや露店の廉売商品などに時折見かける「安かろう悪かろう」を彷彿させる。英語からは，「一文惜しみの百失い，あるいは一文惜しみの百知らず」が浮かんでくる。

フランス語は特にお金の問題にとどまらない。もっと一般的な表現たとえば「小事を大事にすれば，大事もうまくいく」に近い。

これを敷衍して，社会的事象からいくつかの事例を取り出す。学習環境でいえば，机の上や周囲をきちんとすると，勉強への意欲が新しく沸く。数分間の片づけが，大きな学習成果につながる。

「71　遠くの親せきより近くの他人」も同じ系統にある。近隣関係を大事にしていれば，台風や地震災害などの際には助け合いがスムーズにいき，結果的には命拾いする。遠方の親せきでは間に合わないからだ。

政治の世界も同じであり，日常的に政治資金などがきちんと処理されていれば，国民からの信頼が大きくなる。その結果として，選挙に当選するという望ましい結果が生まれる。外遊するたびに税金を持ち出して資金援助と称して配ったり，大統領と会食したり，ゴルフしても，国民には無縁だから，国民レベルでの信頼感の醸成という大きな成果は望めない。

ビジネスの世界も，たとえばメンテナンスなど日頃のこまめな付き合いが，新車の購入に結び付く。小事が大事を支えるのだから。

107. やぶへび

英　Let sleeping dogs lie.

仏　Il ne faut pas réveiller le chat qui dort.

日本語では蛇だが，英語では犬が使われ，「寝ている犬はそのままに」となる。フランス語では猫(chat)が使われ，「寝ている猫を起こすな」と表現する。réveiller は起こす(wake up)。dort は dormir(眠る)の直説法現在三人称単数形。il ne faut pas は，～するな。

『大言海』(:2109)では，「自ラ藪ヲ突キテ，蛇ヲ出シ，コレニ嚙マルルコト。コレヨリシテ，好ミテ失敗ヲ求メ，窮地ニオチイルノ意」と解説している。

要するに，余計なことをして，かえって災いを大きくしたうえで，苦しむことを言う。

“Don’t wake a sleeping dog.”「寝ている犬を起こすな」でもある。こうなると，「触らぬ神に祟りなし」にもなる。

人間はつい相手の真意を忖度して，勝手な判断をするものである。汗が出ているから暑いのだろうと冷たいおしぼりを持ってくると，腹痛による汗だと分かる。演習の発表で声の調子が悪いから，てっきり風邪かと思いきや，前日にカラオケのやりすぎのためであったというように，相手の事情をよく知らずに働きかけると，いろいろな誤解が生じる。

かといって，何もしないと，締め切りまでに卒業論文が提出できず，留年が確定する。人生 80 年時代なので，大学 5 年生や 6 年生でもいいじゃないかというわけにはいかない。なぜなら，私立大学であれば年間の授業料が 100 万円新たに必要になるからである。

加えて，自宅外の通学ならば，最低でも部屋代に食費を加えると，10 万円の仕送りが必要になる。もちろん学生の側から見ると，生活費 10 万円は少ないので，時給 900 円前後のアルバイトを掛け持ちして，生活費の支えにする。

そうすると，就活や卒論の準備が不十分になるという負のスパイラルが始まる。他人にはそのような学生支援は難しいが，親だから簡単なのでもない。このような大学生に対して，どこまでなら親が関われるか。これもまた，家風の問題の一翼を担っている。

108. 油断大敵

英　Security is the greatest enemy. Delays are dangerous.
仏　Il n'est pire eau que l'eau qui dort.

日本語では「油断」だが，それぞれの言語では異なる表現になる。英語では「安心が最大の敵である」。フランス語では，「よどんだ水ほど危険だとなる」。l'eau qui dort は dormir(よどむ，眠る)の直説法現在三人称単数形。pire は mauvais(より悪い)の優等比較級。

日本語の「油断大敵」は武士の間から生まれた。「絶えず敵と対峙し，命を賭けて生きている生活の切実な体験から生まれたものに違いない」(金子，続評釈:307)。

フランス語では "La fausse sécurité est le pire ennemi." もある。英語のように安心感(security)を主語としないで，偽り(fausse)の安全性(sécurité)が主語であるところはフランス語らしい正確な表現である。敵(enemy，ennemi)は同じ単語である。

もう一つは "Il faut se méfier du cheval de Troie."「トロイの木馬を警戒しなければならない」がある。歴史の中の「トロイの木馬」を使い，警戒しなければならない(Il faut se méfier)としたところはヨーロッパならではの表現であろう。

堺屋太一が発表した『油断』(1975)は，中東からの石油輸入が途絶え，日本社会の石油，重油，ガソリン，灯油などが軒並み品不足になり，国民間にパニック状態を引き起こすという近未来小説であった。

しかし，本当の「油」でなくても，「安心感が最大の敵になる」。「先延ばしは危険だ」ともいう。いずれも現状を微温的に温存するから，変化に対応することが難しくなる。

もう一つは時間との戦いで，安心感やよどんだ水は動かないので，時間のスピードに付いて行けず，取り残されてしまう。

これに類するものに「紙断」や「二酸化炭素断」がある。前者は『油断』と同じころに出されたが，話題にならなかった。後者は地球温暖化との関連で最近でも勢いがある。しかし，航空機で世界各地から関係者が集まるその会議では，航空機からの二酸化炭素の排出を「排出量」には数えないという決定を当初から守り続けてきた。

その上，2050 年の二酸化炭素排出量実質ゼロを目標とするなど，荒唐無稽のレベルにとどまっている。非科学の典型であり，国際政治の思惑が見え透いている。

金子勇, 2014,『環境問題の知識社会学』ミネルヴァ書房
渡辺正, 2018,『「地球温暖化」狂騒曲』丸善出版

ら　行

109. 良薬は口に苦し

英　There is no rose without a thorn. Roses have thorns.

仏　Les bons remèdes sont amers.

英語では「棘のないバラはない」とする。あるいは，「きれいな花には棘がある」もよく使われる。バラの thorn はがまんするしかない。

フランス語では「良い薬は苦い」として，日本語と全く同じ表現である。Les bons remèdes は良薬。amer は形容詞で「苦い」。

『大言海』(:2204)では，「良キ薬ヲ飲メバ，口ニ苦ケレドモ，病ニ効験アル意」としている。また，斎藤(中辞典:1216)では，“No rose without a thorn.” を「楽有れば苦有り」，“Roses have thorns.” を「花には嵐」と訳している。

同じ内容で「忠言耳に逆らう」が続くこともある。忠告の言葉は相手の感情を害することも多く，喜ばれないし，すなおに聞き入れられない。良薬だが，苦い。きれいだが，棘がある。忠言は役に立つが，気分を害する。二者択一ではないので，「79　二度考えるのが最良」“Second thoughts are best.” のためにも，一晩寝て，「熟慮」してからどちらかを採用する。苦いから薬を飲まないか，苦いけど我慢して飲むか。

これは人間関係の機微に触れるので，あらゆる場面でこのことわざが関連してくる。仕事面では優秀だが，唯我独尊の性格がある。野球でボールのバットコントロールはうまいが，足が遅い。楽器はこなせるが，歌は下手である。英会話はできるが，中身は薄い。外国語の翻訳はできるが，自分の研究書はない。顔やスタイルは気に入ったが，話す内容がお粗末なタレントもいる。金はあるが，品がない。

以上もまた，どちらを「良薬」とするかは個人の自由である。社会的にも同じことが言える。時折見かける「安かろう悪かろう」商品や，逆に品質はいいが，高すぎる商品もある。ソフトやアプリが多すぎて，便利なスマホではあるが，使いこなせない。燃費はいいが，高い車もある。安いが，排ガスが大量に出る車もかつては売られていた。スパイクタイヤは雪道には強いが，雪が消えると，路面をけずり取って，粉塵公害をまき散らす。いずれも一長一短あり，使う側が的確な判断をするしかない。

政治の世界でも，内政には強いが，外交はうまくない。その逆もあり得る。かなり昔だが，外交は国連に従うだけといっていた政治家がいた。日本をどうするという政治理念も何もない。選挙に勝って，次に何をしたいかを尋ねると，次回の選挙に勝つ準備をするというだけでは，「良薬」にはならず，国民にとっては「苦い」ままである。

110. 論より証拠

英　Proof is better than discussion.
　　The proof of the pudding is in the eating.
仏　Les faits sont plus éloquents que la théorie.

日英語は単語も文章も同じ。論=discussion，証拠=proof。もう一つも「プディングの味は食べてみないと分からない」で有名。
　フランス語ではもっと具体的な表現になる。plus A que B(B よりも A のほうが)を使い，「事実は理屈よりも説得力がある」とする。les faits で諸事実。la théorie は理屈，éloquents は形容詞で「説得的な」を意味する。

『大言海』(:2232)では，説明なしに「論より証拠」だけがあげられている。実験でも調査でも最初は調べることから始まる。科学的な成果は具体的なデータで裏付けできて初めて受け入れられる。実証を志向する社会学でも同じであり，人の行為を観察して，それらの集合による出来事や事件や現象を見ていく。まずは，正しい実験法や調査方法を学び，使いこなすことから「証拠」集めが可能になる。

しかし，事実の収集と集積だけでは科学にならない。血液検査データをいくら集積しても，レントゲン写真を何枚撮影しても，それだけでは資料に止まる。数万人規模の社会調査をしても，その単純集計だけでは得られるところはあまりにも少ない。

得られた事実をいかに分析するか。そしてその結果に説得力を持たせるには，先行研究を媒介とした知識の体系に資料を位置づけて，資料が示す内容や関連についての思索を行うことである。資料を組み合わせたり，減らしたり，増やしたりして，得られた事実関係が教えることを正確に受け止める。

社会学の量的調査分析方法では，重回帰分析や相関分析などがソフトとして開発されているから，それらを使えば，細かな事実間の関連も把握できる。その後に別の資料やデータから確認されている事実関連や命題について，異なったデータによる分析結果と比較する。これらの数字のもつ力をフランス語では ‘éloquence des chiffres’（数字の説得力）という。

比較により，対象群は正しく位置づけられる。比較をしないと，得られた結果がどこまで普遍性をもつのか分からない。普遍性に近づけば，それこそがより説得的な結論になる。

金子勇, 2013,『「時代診断」の社会学』ミネルヴァ書房

おわりに

以上，良く知られた110のことわざについて，日本語，英語，フランス語の単語と表現を比較すると，3か国語ともに同一であったことわざが33(30.0%)，二つの言語表現が同じであったものが29(26.4%)，そしてそれぞれが独自の単語と表現をしていたことわざが48(43.6%)になった。

この分布もまた，比較分析の手法で得られた。文化も歴史も大きく異なる日本語，英語，フランス語を主な言語とする国民間で，似たようなことわざをもっていながらも，使用する単語も表現形式にもこれほどの異同がある。たとえ，古来民間や社会集団の一部で行われてきた信仰，伝説，伝統，習俗，慣習，生活様式，芸能などが，それぞれの文化の中でことわざに昇華されていても，同じ表現も全く異なった表現もあったことが社会と文化の多様性を証明している。

本書では，そのような民衆知の一部のことわざを110選択して，3通りの言語で表現して，それらに現段階での私なりの社会学的なコメントを付加したに過ぎない。それでもこのようなほぼ3等分になるような表現形態が得られた。それぞれの言語が背景とする文化の奥深さを改めて実感できる結果である。そして，いくらかでもそこから現代日本に生きる人々に，忠告，知恵，知識，良識，判断基準などを汲み取っていただければと願う。

さらに，本書を踏み台として，たんなる処世訓でもない，警句だけでもないことわざのもつ現代にも役に立つ社会的機能を，多くの社会学者が探究するようになってほしい。それは迂遠ながら，内圧としては「少子化する高齢社会」，外圧としては「国際化」と「地球環境問題」に直面する日本社会の課題解決にも活かす道が見出せるきっかけになるのではないか。“La seule chose qui importe, c’est l’avenir. ”「重要なのはただ一つ，未来だけである」。

本書がそのきっかけになれば，執筆者として冥利に尽きるものである。

本書刊行に際しては，北海道大学大学院文学研究院の教授であり，北海道大学出版会の理事長を兼ねられている櫻井義秀先生に絶大なご支援をいただいた。また，フランス語・言語学がご専門で，現在は文学研究院長・文学部長をなされている藤田健先生に，草稿段階で特にフランス語を中心としてご校閲いただいた。お二人とも文学研究科時代の私の同僚であり，今回は本当にお世話になった。心から感謝申し上げる次第である。

また，実務全般では，北海道大学出版会相談役の竹中英俊氏の的確な編集力に助けていただいた。2003 年に東京大学出版会から拙著『都市の少子社会』を刊行した際に，同会編集局長としての竹中氏に全般的なご配慮をいただいたことがある。三人の方々との縁を思うと，人の世の出会いの面白さと関わりの大切さを痛感する。

金子　勇

参照文献

〔ことわざ〕

藤井乙男, 1929＝1978,『諺の研究』講談社
柳田國男, 1930＝1976,『なぞとことわざ』講談社
柳田國男監修, 1951,『民俗学辞典』東京堂出版
鈴木棠三・広田栄太郎編, 1956,『故事ことわざ辞典』東京堂出版
篠田武清, 1956,『英語の諺・古言の研究』篠崎書林
金子武雄, 1957,『日本のことわざ　(一)評釈』大修館書店
金子武雄, 1959,『日本のことわざ　(二)続評釈』大修館書店
金子武雄, 1959,『日本のことわざ　(三)概論』大修館書店
金子武雄, 1961,『日本のことわざ　(四)評論』大修館書店
金子武雄, 1961,『日本のことわざ　(五)講説』大修館書店
田辺貞之助編, 1976,『フランスことわざ辞典』白水社
モーリス・マルー編　田辺貞之助監修　島津智編訳, 1999,『世界ことわざ名言辞典』講談社
時田昌瑞, 2009,『図説ことわざ事典』東京書籍
山田雅重, 2017,『日英ことわざ文化事典』丸善出版
日本ことわざ文化学会編, 2020,『世界ことわざ比較辞典』岩波書店

〔英和・和英〕

斎藤秀三郎・日外アソシエーツ辞書編集部, 1928＝1999,『NEW　斎藤和英大辞典』日外アソシエーツ
斎藤秀三郎, 1936,『新増補版　英和中辞典』岩波書店
勝俣銓吉郎, 1958,『新英和活用大辞典』研究社
小川芳男編, 1961,『ハンディ語源英和辞典』有精堂
Hornby, A. S. (ed.), 1973, *Idiomatic and Syntactic English Dictionary*, 開拓社
小学館ランダムハウス英和大辞典第二版編集委員会, 1994,『ランダムハウス英和大辞典』(第2版)小学館

松田徳一郎編, 1999,『リーダーズ英和辞典』(第 2 版)研究社
竹林滋編, 2002,『新英和大辞典』(第 6 版)研究社
渡邉敏郎ほか編, 2003,『新和英大辞典』(第 4 版)研究社
大塚高信編, 1977,『新クラウン英語熟語辞典』三省堂
三省堂編纂所編, 2004,『グランドコンサイス英和辞典』三省堂

〔仏和・和仏〕

井上・田島編, 1955,『新仏和中辞典』白水社
杉捷夫編, 1962,『新仏和小辞典』白水社
田辺貞之助編, 1980,『フランス俗語辞典』駿河台出版
伊吹武彦ほか編, 1981,『仏和大辞典』白水社
田村毅ほか編, 1985,『ロワイヤル仏和中辞典』旺文社
重信常喜ほか編, 1993,『コンサイス和仏辞典』(新装版)三省堂
山田・宮原編, 1993,『現代フランス語辞典』白水社
倉片秀憲ほか編, 2003,『プチ・ロワイヤル仏和辞典』(第 3 版)旺文社
稲生永・彌永康夫編, 2009,『スタンダード時事仏和大辞典』大修館書店

〔仏仏・仏英・英仏・英英〕

The Penguin French Dictionary, Penguin Books Ltd., 1985.
The American Heritage Dictionary of the English Language, third edition, Houghton Mifflin Company, 1992.
Oxford French English Dictionary, Oxford University Press, 2001.
Oxford English French Dictionary, Oxford University Press, 2001.
Longman Dictionary of Contemporary English, Pearson Education Limited, 2003.
Collins Cobuild English Dictionary for Advanced Learners, third edition, HarperCollins Publishers, 2001.

〔参考書籍〕

新睦人編, 1997a,『比較文化の地平』世界思想社

新睦人, 1997b,「『文化』からみた日本とヨーロッパ」新睦人編『比較文化の地平』世界思想社：59-81
新睦人, 1997c,「『社会』からみた日本とヨーロッパ」同上：221-246
穴田義孝編, 1984,『ことわざの社会心理学　現代のエスプリ no. 201』至文堂
Decartes, R., 1637＝1943, *Discours de la méthode*, Éditions de cluny.（＝1997 谷川多佳子訳『方法序説』岩波書店）
金子勇, 2010,『吉田正』ミネルヴァ書房
金子勇, 2011,『コミュニティの創造的探究』新曜社
金子勇, 2014,『日本のアクティブエイジング』北海道大学出版会
金子勇, 2016,『日本の子育て共同参画社会』ミネルヴァ書房
金子勇, 2018,『社会学の問題解決力』ミネルヴァ書房
金子勇, 2020,『「抜け殻家族」が生む児童虐待』ミネルヴァ書房
古賀政男, 1977,『歌はわが友わが心』潮出版社
松原秀一, 1996,『フランスことば事典』講談社
Michel Eyquem de Montaigne, 1580-88, *Les Essais*.（＝1954-55 関根秀雄訳『随想録』(全六巻)新潮社）
大槻文彦, 1956,『新編大言海』(新訂版)冨山房
Pineaux, J., 1955, *Proverbes et Dicton Francais*(Collection QUE SAIS-JE? N 706), Presses Universitaires de France.（＝1957 田辺貞之助訳『フランスのことわざ』白水社）
佐伯梅友校注, 1981,『古今和歌集』岩波書店
新村出編, 1955,『広辞苑』（初版)岩波書店
新村出編, 1991,『広辞苑』（第四版)岩波書店
新村出編, 2018,『広辞苑』（第七版)岩波書店
高田宏, 1978,『言葉の海へ』新潮社
竹下和男, 2011,『英語天才 斎藤秀三郎』日外アソシエーツ
外山滋比古, 2007,『ことわざの論理』筑摩書房

金子　勇（かねこ　いさむ）

1949年　福岡県生まれ
1977年　九州大学大学院文学研究科博士課程単位取得退学
現　在　北海道大学名誉教授　文学博士（九州大学，1993年）
第1回日本計画行政学会賞（1989年），第14回日本都市学会賞（1994年）
著書　『コミュニティの社会理論』アカデミア出版会，1982年
『都市高齢社会と地域福祉』ミネルヴァ書房，1993年
『都市の少子社会』東京大学出版会，2003年
『少子化する高齢社会』日本放送出版協会，2006年
『コミュニティの創造的探究』新曜社，2011年
『日本のアクティブエイジング』北海道大学出版会，2014年
『「地方創生と消滅」の社会学』ミネルヴァ書房，2016年
『日本の子育て共同参画社会』ミネルヴァ書房，2016年
『社会学の問題解決力』ミネルヴァ書房，2018年
『「抜け殻家族」が生む児童虐待』ミネルヴァ書房，2020年
共著　『マクロ社会学』新曜社，1993年
編著　『高田保馬リカバリー』ミネルヴァ書房，2003年
『変動のマクロ社会学』ミネルヴァ書房，2019年

ことわざ比較の文化社会学
日英仏の民衆知表現

2020年10月25日　第1刷発行

著　者　金　子　　勇
発行者　櫻　井　義　秀

発行所　北海道大学出版会
札幌市北区北9条西8丁目　北海道大学構内（〒060-0809）
Tel. 011(747)2308・Fax. 011(736)8605・http://www.hup.gr.jp/

㈱アイワード

ISBN978-4-8329-3409-2